POURQUOI J'AI CHOISI D'AVOIR UN CHIEN
(ET PAS UN ENFANT)

Hélène Gateau est vétérinaire et journaliste, chroniqueuse en télé et en radio depuis 2011. Elle a présenté plusieurs émissions dont « Hélène et les animaux » sur France 5. Elle a également publié cinq ouvrages dont *Tout sur votre chien* et *Tout sur votre chat* et partage sa vie de *dogmom* avec son chien Colonel sur les réseaux sociaux : @helenegateauoff.

HÉLÈNE GATEAU

Pourquoi j'ai choisi d'avoir un chien (et pas un enfant)

Préface de Sylvain Tesson

ALBIN MICHEL

© Éditions Albin Michel, 2023.
ISBN : 978-2-253-25250-4 – 1re publication LGF

PRÉFACE

Tenir son fils en laisse

L'essai d'Hélène Gateau procure la joie de l'os. On l'attendait, on le ronge, on le range, on y revient, on y pensera. Personne n'avait encore osé avouer qu'on peut considérer son chien comme un enfant. Hélène Gateau, dans un récit qui se double d'un manifeste, un plaidoyer en forme de confidence, franchit le pas. Il est allègre et vif.

Tout juste entend-on parfois le propriétaire d'un animal s'exclamer : « Je l'aime comme un fils ! » Aucun parent ne s'aventure à dire : « Mes enfants sont des chiens pour moi. »

Parmi les écrivains, Houellebecq, Céline ou Léautaud ont révélé leur affection pour les bêtes. On se souvient du chien du premier, Clément, du perroquet du deuxième, qui gueulait dans la nuit, de la guenon du troisième. Les « hommes à bêtes » sont plus rares que les « hommes à femmes » (et moins goujats, avec cela). Il a fallu qu'ils souffrent beaucoup de leurs semblables. Déçus, mélancoliques, ils ont trouvé consolation sur un dernier rivage peuplé de chats et de chiens. Le docteur Gateau, c'est différent.

Son amour ne coule pas d'une blessure. Ce n'est pas la misanthropie qui l'a poussée à faire de son chien un fils. Son amour des uns (les animaux) n'est pas un substitut à sa déception des autres (les hommes). Il en résulte une confession vitale, étrange, inédite, stimulante.

Parfois, au gré de mes lectures, j'ai la chance de tomber sur une page qui rapproche l'homme de l'animal. Mieux : il arrive que la bête se substitue au héros, se hisse au panthéon, passe à la postérité. Un archétype naît, affublé d'écailles, hérissé de poils, couvert de plumes. Ainsi Flaubert invente-t-il un perroquet que son personnage prend pour le Saint-Esprit (*Trois Contes*). Hemingway fait d'un espadon un graal spirituel (*Le Vieil Homme et la mer*). Jack London campe un chien-loup victime de la décadence humaine (*Croc-Blanc*). Herman Melville transforme une baleine blanche en gouffre psychanalytique (*Moby Dick*). Même le squale est requis par Dino Buzzati pour symboliser les hantises existentielles (*Le K*).

Je suis content devant ces pages. J'ai l'impression que se comble l'horrible gouffre entre l'homme de la bête. En nous proclamant maîtres et possesseurs de la nature, nous avons arraisonné le monde. Les animaux sont devenus nos sujets corvéables. Heureuses les lignes qui rappellent les âges bénis où bêtes, hommes et dieux faisaient table commune.

Hélène Gateau va plus loin que la simple narration d'une liaison entre un homme et une bête. L'auteur invite le chien dans la totalité de sa vie. Elle lui donne la place de l'enfant qu'elle a décidé de ne pas avoir. Un jour, elle acquiert un border terrier, dru comme un sanglier. Il remplira le rôle de descendant, d'élève, d'enfant prodige, de petit page et de rejeton. Sa mère (*dogmom*, en américain, cette langue qui se prononce avec des croquettes dans la bouche) se comporte exactement comme une jeune post-parturiente tout récemment affligée d'un môme. Même pâmoison, même perspective. L'enfant, c'est-à-dire le petit chien, s'appelle Colonel. Hélène sera-t-elle la maîtresse ou la subordonnée de ce colonel-là ? Il faudrait réécrire l'essai fondamental de Mme Élisabeth Badinter en l'affublant d'un nouveau titre : *On ne naît pas dogmom, on le devient*.

La thèse du docteur Gateau est intégrale : la nature de la parenté est la même chez la mère d'un enfant et la maîtresse d'un chiot. Bouleversements, enjeux, irréversibilité : que le nouvel arrivant soit un bébé rose ou un chien à poil court, les implications sont similaires. Le vagissement ou l'aboiement composeront la nouvelle symphonie d'une vie métamorphosée.

Les bouleversements seront identiques : don de soi, amour d'un autre, acceptation des sacrifices, irradiation des heures, bonheur des jours, raccourcissement des nuits, changement du destin, découvertes insoupçonnées. Soyons honnête, il y a quelques différences. Le chien est plus velu que le nourrisson. Celui-ci plus bruyant que celui-là. Celui-là bave davantage que celui-ci. Celui-ci se lassera un jour de la balle que vous enverrez toute sa vie à celui-là et celui-ci réclamera un jour un téléphone plus nocif que les aboiements de celui-là.

Mais le principe qui attache l'un et l'autre à sa mère est le même. Il porte un nom simple et total : l'amour.

Le livre que vous tenez dans vos mains est un récit d'amour pur.

Le docteur Gateau défend son point de vue en le vivant physiquement chaque jour. Au point que le lecteur se range aux vues de l'auteur et concède que la tentative de parentalité canine est peut-être plus profitable que l'expérience de la parentalité humaine. Certainement moins éreintante. Le chien ne hurle pas, le chien ne devient pas un ado (race mystérieuse), le chien ne pleure pas. Le chien ne vous fera pas dans vingt ans le procès de vos méthodes pédagogiques. Il ne lira pas Bourdieu dans son panier. Il n'écrira pas un livre intitulé *Mes parents sont responsables de mes échecs*. Et c'est ainsi qu'Hélène dresse la « simulation d'un processus de parentalité mené avec succès ».

Alternent les réflexions instructives du docteur et les considérations tendres de la mère ébaubie. C'est la marque de fabrique du docteur en science vétérinaire (connu des spectateurs d'émissions à succès) : conjuguer la sensibilité, la rigueur, le savoir et la délicatesse. C'est-à-dire documenter les intuitions, mâtiner de scrupules les affirmations, attendrir les certitudes.

Le livre soulève une question métaphysique : à ne pas vouloir de descendance, renie-t-on la nature de la condition humaine ? Refuser de se reproduire, n'est-ce pas se retirer du jeu miraculeux de l'aventure humaine ? À substituer le chien à l'enfant, ne conteste-t-on pas l'irremplaçabilité de l'homme ? Ne touche-t-on pas au dernier degré du nihilisme égalitariste en faisant un fils de son chien ? Le pape François serait horrifié de lire ces pages consacrées à l'amour total d'une femme pour un chien. Les don Juan se sentiront rudement concurrencés. Les humanistes se récrieront. Les hommes de lettres penseront à Caligula faisant ironiquement de son cheval un consul. Les jeunes filles en fleurs trouveront que rien ne vaut l'amour humain ! Mais Hélène tiendra bon dans le concert des récriminations. Elle n'oppose pas l'amour des chiens à l'amour des hommes ; elle veut vivre l'un et l'autre, l'un comme l'autre.

L'homme, toujours, prêche pour sa paroisse. Et s'il fait tant de cas de son unicité dans l'efflorescence du vivant, c'est qu'il veut conserver sa place au sommet de la pyramide ! En somme, l'humanisme est un corporatisme, un syndicalisme de défense des intérêts biologiques. L'homme ayant pris le contrôle de la superficie du globe souffre mal la cohabitation.

Le docteur Gateau affronte ces questions. Elle sait qu'elle touche à un tabou. Elle s'expose aux anathèmes de ses contemporains en général et des hommes de robe en particulier. Dans la patrologie, à part saint François d'Assise, les cœurs purs (de tout poil, toute robe et toute barbe) n'ont jamais tenu les bêtes pour des frères. En outre, le chien peut tacher la soutane avec ses papattes.

Hélène campe sur ses positions avec une radicalité exemplaire. Son sentiment est devenu son système. Elle le bâtit, l'illustre, l'expose et l'assume jusqu'à en décrire les incongruités, les difficultés et même les limites. Cette adéquation parfaite entre ses intuitions de jeunesse, ses choix intellectuels, l'organisation de sa vie et le propos de ce livre fonde sa légitimité. La légitimité, c'est quand on ne triche pas.

Aux champions de la natalité sacrée, on pourrait retourner leurs propres critiques. L'amour est le don de soi à un autre que soi, disent-ils. Si l'on va plus loin, on pourrait affirmer que l'animal constitue le comble de l'altérité. Par conséquent, vouer un amour maternel à un chien qui ne vient ni de son ventre, ni de sa lignée, ni de son propre phylum est la preuve de l'inconditionnalité de l'amour puisque l'objet du sentiment incarne l'altérité la plus éloignée dans l'ordre biologique ! En d'autres termes, pourrait dire Hélène, mon amour est incontestable puisque j'aime ce qui ne me ressemble pas, ce que je ne peux pas reproduire (pour employer le vocabulaire des photocopieuses).

Quand j'étais enfant, ma tête était si grosse qu'elle me déséquilibrait, plantée sur un corps frêle : une coloquinte pleine d'eau sur un bilboquet. Je tombais, entraîné par son poids. « Boum ! » fut le bruit de mon enfance. On m'affubla d'un harnais pour retenir la chute. Pendant deux ans, ma mère me tint en laisse à la promenade. Quand je découvris le beau texte du docteur Gateau, ce souvenir de petite enfance me revint en mémoire. Hélène aussi promène son fils en laisse. Dans un monde imaginaire et dans un autre siècle, Hélène se serait bien entendue avec feu ma mère, le docteur Marie-Claude Tesson. Elles se seraient rencontrées au square. Elles auraient parlé médecine. Et moi, j'aurais eu un compagnon. Salut, Colonel !

Sylvain TESSON

1

Le leurre

14 mars 2019, 3 h 17. Il commence à s'agiter, il émet de petits gémissements que je reconnaîtrais entre mille : il est sur le point de se réveiller. Alors je saute à la hâte du lit et me précipite vers lui ; à vrai dire, je ne dormais pas vraiment. Je le veillais. Je n'ai jamais été aussi attentive au rythme et à la justesse d'une respiration. Pour l'instant, il dort dans ma chambre, mais dans son petit lit juste à côté de moi. Je ne suis pas une adepte du co-dodo, bien qu'on ne cesse ces dernières années d'en vanter les mérites, à la fois pour la figure maternelle et pour le petit. Cependant, je ne voudrais pas qu'il prenne de mauvaises habitudes et que ce soit plus difficile encore pour lui quand il devra dormir seul en dehors de ma chambre. Il y a toujours les diktats de plusieurs courants qui s'affrontent, de quoi se sentir vite tiraillé et avoir du mal à s'y retrouver ; mais à l'échelle individuelle, on fait toujours au mieux. Et je sais aussi que dans quelque temps, quand il sera plus grand, j'aurai de toute façon droit à des tentatives d'incursions sauvages dans mon lit au petit matin. Autant que ce ne soit pas déjà un acquis.

Voilà une semaine jour pour jour que je suis revenue à la maison avec lui. J'avais eu le temps de me préparer à son arrivée, d'un point de vue aussi bien logistique, matériel, que psychologique. Je le voulais depuis si longtemps. Même s'il est primordial de prendre le temps de mûrir son choix, tant cette décision change une vie, il faut aussi savoir, à un moment, arrêter de se poser des questions si on ne veut pas risquer de ne jamais franchir le pas. Les circonstances idéales étant rarement réunies, on peut parfois repousser la décision pendant longtemps. Or, j'approchais de la quarantaine. 40 ans sonnent toujours comme un âge fatidique pour une femme : à la fois un début et une fin. Souvent un milieu de vie en tout cas. Je me suis donc décidée courant 2018, sachant qu'entre le moment où on se lance dans une telle aventure et l'arrivée de la petite merveille, plusieurs mois s'écoulent ; ce n'est une surprise pour personne. Mais finalement, la vie est bien faite. C'est un temps nécessaire pour se faire à l'idée, commencer à changer ses habitudes ou profiter de ses derniers moments d'insouciance et de liberté absolue. C'est ce que j'ai fait. Pas d'horaires fixes au quotidien, du temps pour moi, un séjour dans un bel hôtel sur une île paradisiaque durant les vacances de Noël précédant son arrivée (le genre d'endroit où il sera difficile de l'amener avec moi plus tard, tout étant plutôt conçu pour des séjours en amoureux). C'est à la toute fin du mois de décembre que j'ai vraiment senti que ça devenait concret : je réalisais enfin que nous serions bientôt réunis. Le compte à rebours était lancé : la date était fixée au 7 mars 2019, soit dix semaines plus tard. Aujourd'hui, j'en suis donc à ma septième nuit hachée consécutive, avec toutes les répercussions que connaissent bien les jeunes parents. La journée, je suis d'humeur revêche, je suis épuisée, j'essaie de me remettre de mes nuits qui n'en sont plus, j'ai du mal à faire autre chose que de m'occuper de lui tant c'est du non-stop et j'ai même des envies irrépressibles de gourmandises sucrées. Finalement, moi non plus je n'échappe pas à la panoplie des symptômes inhérents à ce changement de vie. Pour un bouleversement, c'est un bouleversement. Mais je suis heureuse. Je le voulais tant.

Avant de le prendre dans mes bras, je chausse mes Ugg avachies. Un bonnet enfoncé sur les oreilles discipline avec autorité mes cheveux en pagaille. J'enfile une épaisse et longue doudoune pour recouvrir en partie ce vieux pyjama en flanelle retrouvé au fond d'un placard. Dans la pénombre de la nuit, on n'y verra que du feu. Je m'étais pourtant promis de ne plus jamais porter ce pyjama : c'est le genre de tenue qui met à mal tout le potentiel de séduction d'une femme. Pour tenir cette promesse, il aurait mieux valu le jeter. Mais finalement, quand, pris dans une lessiveuse comme depuis quelques jours, on recherche la commodité et le confort, le sex-appeal vient se ranger à la place du pyjama sur l'étagère. Et on se félicite d'avoir eu un jour cette réflexion : « Je vais le garder encore un peu ; on ne sait jamais. Ça peut toujours servir. » On repassera donc pour l'allure, ce n'est clairement pas ma priorité en ce moment.

> *« Pour un bouleversement,*
> *c'est un bouleversement. »*

Je le soulève délicatement de son petit lit. Il ouvre à peine les yeux. Finalement, son début d'agitation n'était peut-être qu'un mauvais rêve, j'ai maintenant le sentiment qu'il dort profondément. Mère indigne que je suis ! Mais puisque je suis réveillée... Je le serre contre moi, je lui tiens la tête : ça fait partie des gestes intuitifs de protection qu'on adopte immédiatement. Je pourrais même le glisser sous la fermeture Éclair de ma doudoune : fragile petit être que je chéris déjà tant, et ce, depuis le tout début. J'ai été moi aussi submergée par cette lame de fond dès les premiers instants où je l'ai pris dans mes bras ; c'est sûrement ça, ce qu'on appelle l'instinct maternel chez une femme, et pourtant je pensais en être presque dépourvue. Allez, je ne perds pas plus de temps, il faut bien affronter la nuit glaciale de cet hiver qui n'en finit pas. J'évite de claquer la porte en sortant de l'appartement et je descends doucement et prudemment les cinq étages. J'étais encore dehors à minuit, et j'y retournerai à 6 h 30. C'est le rythme auquel on n'échappe pas : toutes les trois heures à peu près, au début, pour pouvoir se rendormir ensuite tranquillement. J'ai quelques photos de moi de cette période, j'ai l'impression d'avoir pris dix ans en quelques jours. Entre le bouleversement émotionnel que cela représente dans une vie et le manque de sommeil, mes cernes ont la profondeur de la nuit. À cette heure incongrue, ma rue est encore plus calme qu'à son habitude. Dans un immeuble en face, la lumière allumée d'un appartement me laisse entrapercevoir un homme portant dans ses bras ce qui ressemble à un nouveau-né. Il passe d'une fenêtre à l'autre, puis repart dans l'autre sens. Je crois même entendre les pleurs du bébé. Il doit faire les cent pas pour essayer d'apaiser cette agitation nocturne. Moi, je le tiens encore serré contre ma poitrine, il s'est vraiment rendormi, le bougre. Le papa m'a aperçue, il a marqué une pause sur son trajet itératif. Il a l'air surpris de ma présence dans la rue : il doit se dire que je suis bien courageuse alors que lui reste dans la chaleur rassurante de son intérieur cossu. Je me décide à lui faire un signe de la main, que j'accompagne d'un petit sourire dans un haussement d'épaules enfantin. Comme une marque de ralliement et de complicité. Mais le papa tourne le dos et éteint la lumière : mon élan s'évanouit dans l'obscurité. Il aurait tout de même pu se montrer un peu plus solidaire, ça crée du lien normalement de partager une expérience de vie similaire, surtout quand on a le sentiment d'être seul au monde au beau milieu de la nuit. Je me demande depuis combien de temps sa vie a basculé.

Tandis que mes yeux sont rivés vers ces fenêtres éteintes, un scooter débridé surgit dans un vacarme inadmissible, mais qui a le mérite de me sortir de mes pensées et de réveiller ce petit corps blotti contre moi. Il va falloir qu'il s'habitue aux bruits de la ville. Je ne pourrai pas le maintenir dans le cocon ouaté des premiers jours de sa vie. Je me rappelle alors pourquoi je suis sur le trottoir à 3 h 25, en pleine nuit. Il fait vraiment froid, il tremble, j'aurais peut-être dû lui mettre un manteau. Je me décide tout de même à le poser par terre, il vacille légèrement ; les mouvements sont encore hésitants à cet âge-là. Son engourdissement m'attendrit. Je souris. Et je lui intime gentiment : « Allez maintenant, fais pipi. »

Car celui qui me fait goûter à ce qui pourrait s'apparenter à un retour de la maternité est un chiot border terrier de deux mois et demi, Colonel, venu au monde pour mon plus grand bonheur le 27 décembre 2018.

Je suis une quadra parisienne qui a fait le choix, depuis longtemps maintenant, de ne pas avoir d'enfant. Je dirais même plus : la maternité n'a jamais été un sujet pour moi. Je ne me suis jamais reconnue dans le rôle de maman que j'ai vu endosser par mes sœurs et mes amies. Je n'ai jamais voulu (ou peut-être juste une fois, de loin…) et je ne veux pas enfanter. Je ne suis pas la seule dans ce cas. Preuve en est, en janvier 2023, et sur les chiffres de l'année calendaire précédente, l'Insee a dévoilé qu'il n'y avait jamais eu aussi peu de naissances en France, et ce, depuis 1947. Ne pas vouloir d'enfant commence à devenir un vrai mouvement, une prise de position de plus en plus assumée et revendiquée, comme il existe d'autres formes d'affirmation de soi et de son mode de vie. On veut pouvoir se sentir aujourd'hui libre de vivre, d'aimer, de travailler, de bouger et de concevoir sa famille comme on l'entend. On recompose des fratries au gré des mariages et des divorces, on congèle ses ovocytes, on donne naissance à des enfants par PMA ou GPA, on est hétérosexuel ou homosexuel, binaire ou non binaire, on vit en trouple, on est « iel », on élève un enfant seul, on peut donc aussi faire le choix de ne pas avoir d'enfant. Dans les pays anglo-saxons, cette tendance sociétale porte un nom (il faut toujours mettre les gens dans des cases en fonction de leurs mœurs) : c'est le mouvement *childfree* ou *no kids*[1], né dans les années 1970 aux États-Unis. En France, on ne nous nomme pas. Ou alors les « sans-enfants volontaires ». Ça fait nom de régiment. Pour faire plus simple, Charlotte Debest, docteur en sociologie et autrice du livre *Le Choix d'une vie sans enfant*[2] a proposé l'acronyme SEnVol[3]. Mais combien sommes-nous en France ? En septembre 2022, un sondage réalisé par le magazine *Elle* en partenariat avec l'institut Ifop avançait que 30 % des femmes en âge de procréer déclaraient ne pas vouloir d'enfant. Prise de conscience récente d'avoir le choix (même si la contraception existe en France depuis plus de cinquante ans), peur du futur, conscience écologique, contexte économique ou individualisme galopant… En tout cas, un chiffre retentissant qui a dû alarmer les caisses de retraite. Et qui a été repris dans tous les médias pendant une quinzaine de jours. Moi aussi j'ai été extrêmement surprise. Je pensais être une femme singulière, différente, ce qui me donnait une certaine valeur aux yeux des hommes déjà passés par le stade mariage/enfants, alors ne vais-je même plus pouvoir compter sur cet avantage concurrentiel ? Mais, si je peux me permettre, c'est un chiffre à prendre avec des pincettes tout de même car dans l'échantillon « en âge de procréer » ont été incluses des jeunes femmes dès l'âge de 15 ans. À 15 ans, je comprends que la perspective

---

1. *Childfree* et *no kids* (anglicismes) : libre d'enfant, sans enfant.
2. Charlotte Debest, *Le Choix d'une vie sans enfant*, coll. « Le sens social », Presses universitaires de Rennes, 2014.
3. SEnVol : acronyme de « sans enfants volontaire ».

d'avoir un enfant soit effrayante et qu'on puisse clamer ouvertement ne pas en vouloir. On est encore loin d'avoir une vision claire de ce que sera notre vie, de ce que pourra être le poids du « tic-tac, tic-tac » de la fameuse horloge biologique ou celui de l'injonction sociétale à faire un enfant. Et, a priori, encore adolescent ou tout juste jeune adulte, on n'a pas encore multiplié les risques d'oubli de pilule, d'accident de préservatif ou de calcul approximatif de la date d'ovulation qui va se solder par une grossesse à laquelle, finalement, on n'aura pas envie de mettre un terme. Moi, je suis restée campée sur mes positions depuis toujours et je n'ai cédé à la tentation d'aucune sirène. Pour me simplifier le choix, par chance, je ne suis jamais tombée enceinte. Et plus les mois s'égrènent, plus j'ai intérêt à être sûre de ma décision car il me sera difficile de changer d'avis, l'âge où ma fertilité est au pic étant largement révolu. D'autres chiffres existent pour avoir une photographie plus représentative des femmes sans enfant ; ils sont obtenus, plus logiquement je pense, sur des panels de femmes de 40 ans et plus, le fameux âge auquel ça ne devrait plus trop varier : on appelle cela l'infécondité définitive, c'est-à-dire « être sans enfant en fin de vie féconde » (ce qui sonne déjà comme une petite mort). Les derniers chiffres en date ne sont pas très récents (2010), cependant ils ne laissent pas penser à un renversement sociétal majeur chez les nouvelles générations. Ainsi, en 2010, l'infécondité définitive était de 13,5 % pour les femmes nées entre 1960 et 1965, 14,5 % pour les femmes nées entre 1970 et 1975, et la projection était de 15 % pour les femmes nées en 1980. Cependant, attention, il est important de ne pas confondre les *childfree*, « libres d'enfant », avec les *childless*, « sans-enfant ». On ne peut absolument pas comparer une femme sans enfant et sans désir d'enfant avec une femme qui n'a pas pu avoir d'enfant pour diverses raisons (problèmes de fertilité, temporalité, absence de géniteur, ou encore potentiel géniteur pas inspirant ou peu inspiré). Dans ce cas-là, la situation est subie, parfois dans la douleur ou la résignation. D'ailleurs, dans cette fameuse étude de 2010, si on s'intéresse précisément à l'infécondité volontaire déclarée (c'est moi !), le chiffre passe de 14 % en moyenne, à 4,3 %. Me voilà rassurée ! Messieurs, si vous recherchez une femme qui ne vous fera pas du chantage à la petite enfance, nous ne sommes finalement pas si nombreuses que cela. J'insiste vraiment sur le fait que, me concernant, me retrouver à 42 ans sans enfant est un choix. Je n'ai aucune aigreur, aucun regret, je ne pleure pas la nuit sur le souvenir d'un enfant que je n'aurai jamais. Mon choix est le fruit d'une réflexion. L'écoute attentive de mon corps. L'indifférence aux injonctions sociétales. Le reflet d'un parcours de vie. L'expression d'une liberté. Et une fierté.

> *« La maternité n'a jamais été un sujet pour moi. »*

Mais est-ce que j'appartiens véritablement au clan des *childfree* ?

La question mérite de se poser au regard de la place que mon chien, Colonel, a pris dans ma vie et à la façon dont je m'occupe de lui. Je brouille clairement les pistes. Je marche sur une frontière sans savoir précisément si elle sépare deux mondes distincts : celui des hommes et celui des animaux, celui de la maternité et celui de la propriété, celui du normal et celui du scandale... Ou si tout cela ne parle finalement pas que d'amour, comme j'aime à le lire dans les propos de Jean de La Fontaine : « Tout l'Univers obéit à l'Amour / [...] Aimez, aimez ; tout le reste n'est rien[1]. »

Oui, voilà que je me suis mise à user d'éléments de langage laissant peu de place à l'ambiguïté pour qualifier le lien que j'entretiens avec ce chien. D'ailleurs, ce n'est pas vraiment un chien, c'est Colonel : « Mon chien, c'est quelqu'un ! », comme dirait Raymond Devos. Je ne ressens aucune honte ou indécence à lui dire « Viens voir maman » ou « Maman va te donner à manger », à l'appeler « mon amour » ou « mon fils poilu ». Mais je vois bien que cela prête à sourire, à gentiment moquer, cela interpelle, voire dérange. Même parmi mes proches, on s'appuie parfois sur ce que je suis avec Colonel pour tenter de me remettre sur le droit chemin : « Tout de même étrange que tu ne veuilles pas d'enfant ! Tu es si impliquée avec Colonel que ça manifeste forcément une vraie fibre maternelle chez toi. Tu serais une mère parfaite ! »

« *Ce n'est pas vraiment un chien, c'est Colonel.* »

---

1. Jean de La Fontaine, « Éloge de l'amour », *Les Amours de Psyché*, 1669.

Peut-être. Cependant, je ne veux pas être mère. Les motifs pour ne pas avoir d'enfants, je pourrais en aligner des dizaines : la peur du futur, le chérissement de ma liberté, l'absence de motivation, mon rapport aux hommes, les raisons écologiques, l'image que je perçois autour de moi du rôle de maman, ma façon d'être grotesque et désemparée face à un enfant, la quasi-impossibilité de protéger l'enfant des dangers du monde extérieur... A contrario, le chien me met à l'aise, me comble et colle à ma façon d'envisager la vie. Finalement, je peux même relier ces deux choix, qui ne sont pas deux trajectoires parallèles mais bien deux lignes de vie qui se croisent, l'une s'évanouissant pour laisser place à l'autre. Mais forcément je m'interroge sur cet amour que j'ai pour mon chien. De quelle nature est-il ? Puis-je vraiment affirmer avoir choisi d'adopter un chien plutôt que d'avoir un enfant ? Peut-on remplacer l'un par l'autre ? Mon chien est-il un leurre infantile comme certains pourraient le percevoir, pour reprendre les termes de Christian David, psychanalyste et philosophe : « À partir d'une communauté pulsionnelle et affective archaïque, se noue, par-delà les limites de l'espèce, dissymétrique mais mutuelle à n'en pas douter, une relation d'amour entre bêtes et gens. Tellement forte et exclusive parfois qu'elle prend aux yeux de ceux qui restent étrangers à cette expérience une allure de déraison voire de scandale. Même avec plus d'indulgence on en sourira comme d'un leurre infantile[1]. »

---

1. Christian David, « Tombeau d'un ami muet », *Le Carnet psy*, n° 140, septembre 2009, p. 43-46.

Alors, est-ce que malgré mes convictions, malgré mon déni de désir d'enfant, je n'exprime pas, par la place que j'ai faite à Colonel dans ma vie, plus proche de celle d'un enfant que d'un animal de compagnie, un instinct maternel étouffé, cabossé, abîmé ? Et si oui, pourquoi, par quoi ? Voilà qui relève plus de l'inconscient et qui va nécessiter que je me replonge dans mon passé pour voir si j'y trouve une réponse. Que j'analyse la femme que je suis aujourd'hui et quel sens je donne à ma vie. C'est mon histoire. À la lecture de ce livre, peut-être vous y reconnaîtrez-vous, du moins, me comprendrez-vous ?

2

Devenir une autre

Matthieu est mon meilleur ami. Nous nous connaissons depuis plus de vingt-cinq ans maintenant. C'est en classe préparatoire, alors internes au lycée Saint-Louis à Paris, que notre amitié a commencé. Nous avons ensuite tous les deux intégré l'école vétérinaire de Nantes et nous ne nous sommes jamais quittés. Vétérinaires de formation tous les deux, nous avons pourtant eu par la suite des trajectoires professionnelles très différentes. Quand je choisissais une carrière de saltimbanque à la télévision, lui créait, avec succès, des cliniques vétérinaires. Personnellement aussi, nos vies sont peu semblables et illustrent la diversité des parcours de vie. Alors que je n'ai jamais voulu devenir maman, pour Matthieu, ne pas avoir d'enfant était inenvisageable. Forcément, nous en avons souvent débattu, à cœur ouvert, et il a mis beaucoup de temps à comprendre mon choix. Peut-être aussi parce que, pour lui, réaliser ce rêve n'allait pas être la décision la plus simple à prendre dans sa vie et il ressentait sûrement une part d'injustice. Matthieu partage sa vie avec un garçon,

Reginaldo, depuis bientôt vingt ans. Autour de moi, c'est le couple d'amis qui a la plus grande longévité. Pour eux, avoir des enfants a été un vrai parcours du combattant, mais grâce aux avancées scientifiques et sociétales, ils ont pu réaliser leur rêve de fonder une famille. Ils ont en effet décidé un jour de se lancer dans les démarches de GPA au Canada. Il leur a fallu dépasser leurs propres questionnements éthiques et moraux, indissociables de cette décision, l'assumer auprès d'un entourage ouvert mais jamais complètement prêt, et accepter qu'ils n'échapperont pas, ni eux ni leurs enfants, au jugement de certaines personnes. De leur amour et de leur pugnacité sont nés deux petits bouts, des jumeaux, Sandro et Myla, qui ont aujourd'hui 8 ans. Face aux montagnes qu'il leur a fallu soulever pour avoir des enfants, je comprends que Matthieu ait pu vivre comme une certaine injustice le fait que je ne veuille pas d'enfant. Pour moi, ça aurait été si simple… ou pas, car j'ai toujours eu cette drôle de sensation de ne pas être très fertile. Au cours d'un dîner un peu arrosé, il y a plus d'une dizaine d'années, avant qu'ils ne se lancent dans la GPA, les garçons m'avaient même demandé si je ne serais pas prête à les aider à avoir un enfant. Qui ne tente rien n'a rien, et il est vrai que c'est un schéma qui existe ; il suffit de taper sur un moteur de recherche « J'ai porté l'enfant de mon ami » pour voir des témoignages assez dingues de femmes qui ont effectivement accepté d'être les mères porteuses de personnes de leur entourage. Quel altruisme ! Quel don de soi ! Mais pour moi, et malgré tout l'amour que je porte à Matthieu, c'était inenvisageable. Parce qu'au-delà de ne pas vouloir d'enfant, s'il y a bien un état dans lequel je ne veux pas me retrouver, c'est celui de femme enceinte. On ne va pas se mentir, c'est tout de même un sacré bouleversement pour le corps d'une femme et certaines s'en sortent plus ou moins bien que d'autres, pendant et après la grossesse. Je ne dis pas qu'une femme enceinte n'est pas jolie, j'entends que cela puisse être l'illustration de la splendeur et la puissance du corps féminin, mais moi ça ne m'irait pas. C'est comme les chapeaux : il y a ceux à qui ça ne sied pas. Je ne suis pas un ayatollah de la minceur et j'ai une nature corporelle plutôt conciliante en cas d'excès, mais je suis persuadée que j'aurais mal vécu la prise de poids liée à la grossesse. Que ce soit lorsque j'étais plus jeune, parce que je n'ai pas toujours eu un rapport à mon corps très serein ; et même aujourd'hui, plus que jamais, car je tiens à mon corps tel qu'il est pour une femme de la quarantaine : j'ai le sentiment d'avoir atteint un certain équilibre entre mon enveloppe charnelle et mon esprit. D'autre part, je ressens un malaise lorsque je vois une femme enceinte, même si c'est une de mes sœurs ou une amie proche. Je regarde dans le métro ces femmes qui se caressent le ventre de la même façon que si mon voisin avait l'index fourré dans le nez. Je ne fais pas partie de ces personnes qui se précipitent pour toucher, sentir le bébé bouger… Alors que j'écris ce livre, ma petite sœur attend son troisième enfant ; je reconnais qu'elle n'a jamais été aussi belle. La maturité et la grossesse lui vont si bien. Nous étions ensemble ces derniers jours et elle m'a proposé de poser ma main sur son ventre en gestation de sept mois et demi. Je me suis forcée, mais c'est vraiment compliqué pour moi. Rien que d'écrire ces quelques lignes me fait frissonner, tout autant que le crissement des ongles sur un tableau noir. Tout ce qui entoure le corps d'une femme enceinte me gêne et me met extrêmement mal à l'aise. Une pudeur mal placée peut-être ? Toujours est-il que je n'ai jamais eu la curiosité de savoir à quoi je ressemblerais dotée d'une protubérance abdominale animée. Ce n'est pas la raison pour laquelle je ne me suis pas lancée dans la maternité classique et que j'ai pris un chien, n'exagérons rien. Cela dénoterait un rapport à mon corps assez pathologique. Mais c'est une première explication à mon choix. Cela dit, la tocophobie existe bel et bien : c'est ainsi qu'on appelle la peur de l'accouchement et plus généralement de la grossesse, et qui doit être particulièrement handicapante lorsqu'on souhaite plus que tout avoir un enfant. Alors je souffre peut-être d'une légère tocophobie, mais si vraiment j'avais voulu être maman, j'aurais pu la contourner par un accompagnement et un travail sur moi-même ou, pourquoi pas, en envisageant l'acte le plus généreux qui soit : adopter, non pas un chien, mais un enfant. Je n'ai jamais envisagé cette hypothèse.

Face à mon refus catégorique de lui prêter mon utérus et mon ventre, mon ami Matthieu s'est donc lancé, avec son futur mari, dans ce parcours atypique de la GPA. Cela s'est révélé, pour eux mais aussi pour la mère porteuse, une aventure humaine extraordinaire. Encore aujourd'hui, je suis toujours très émue de les voir tous les quatre, en famille. Ils ont pu réaliser leur rêve d'avoir des enfants. Pourtant, c'est de la bouche de Matthieu, alors que les petits avaient 2 ou 3 ans, que j'ai entendu cette phrase, ou cet aveu : « J'ai toujours eu du mal à comprendre que tu ne veuilles pas d'enfant, et comment en général on pouvait concevoir un projet de vie sans devenir parent. Mais depuis que je suis papa, depuis que je sais ce que c'est que d'avoir des enfants et que je mesure au quotidien le don de soi que ça représente, j'arrive à mieux concevoir que des gens ne se sentent pas capables de porter cette responsabilité. » En d'autres termes, Matthieu admettait, et il était bien placé pour en témoigner, d'autant que pour lui cela avait été un choix mûrement réfléchi, que la parentalité est une vraie tempête, une remise en question du mode de vie, des priorités, du sens de la vie tout simplement, et que nous ne sommes pas tous prêts aux sacrifices inhérents. Aucun regret pour lui bien sûr, mais une remise en perspective entre ce qu'il projetait quand il voulait un enfant et la réalité de la parentalité. À tel point que certaines personnes regrettent vraiment de s'être lancées dans cette aventure. C'est très tabou, mais une maman, Astrid Hurault de Ligny, a écrit un livre sur le sujet, paru en septembre 2022, *Le Regret maternel*[1]. Elle y exprime, non pas un désamour pour son enfant, au contraire, mais le fait qu'elle n'aime pas ce que la maternité a fait d'elle. Lorsqu'on met au monde son premier enfant, on est submergé par des chamboulements physiques, physiologiques, émotionnels, qui font que l'on devient une autre

---

1. Astrid Hurault de Ligny, *Le Regret maternel*, Larousse, 2022.

personne : c'est presque un changement d'identité. D'ailleurs, une anthropologue américaine, Dana Raphael, a décrit, dans les années 1970, cette étape de transition entre une femme et une mère comme la « matrescence », contraction de « maternité » et d'« adolescence »[1]. Cela dit, de récentes études ont montré que, chez les pères aussi, il y avait des modifications neurobiologiques à la naissance d'un enfant. Et pour des parents adoptifs également. L'arrivée de Colonel dans ma vie a-t-elle fait émerger une nouvelle Hélène ? Sûrement dans une moindre mesure que si j'avais eu un bébé humain. Être mère, c'est faire naître un enfant et une nouvelle femme. Ce n'est pas que je suis entièrement satisfaite de qui je suis, mais je n'ai jamais voulu prendre le risque de devenir une autre…

Suis-je ensuite incapable de ce fameux « don de soi » dont parle mon ami Matthieu, indissociable de la condition de parent ? Incapable, non, je ne pense pas. Mais je n'en ai pas envie. C'est un choix. Oui, mon épanouissement personnel passe par ma liberté au quotidien et ma liberté dans l'absolu. Or, avoir un enfant est la seule décision qui vous engage pour toute la vie et qui soit irréversible. Est-ce que les « sans-enfant volontaires » sont pour autant égoïstes, comme on l'entend souvent dans les sempiternels raccourcis des « pro-enfants », parce qu'ils ne sont pas prêts à se mettre au second plan par rapport à leur descendance ? Raccourcis auxquels les

---

1. Dana Raphael, *Being Female : Reproduction, Power and Change*, De Gruyter Mouton, 1975.

childfree répondent en chœur : « Mais ça ne serait pas plutôt vous, les égoïstes, de mettre au monde des enfants dans une planète déjà surpeuplée, aux ressources limitées, et dans un contexte géopolitique aussi angoissant ? Vous y pensez, à l'avenir de vos enfants ? Ils n'ont pas choisi d'être là, eux. » Ou encore : « Vous faites des enfants pour ne pas être seuls quand vous serez plus vieux. Si ça, ce n'est pas égoïste ! »

> *« Je me suis mis, moi aussi, un petit fil à la patte finalement. »*

Mon point de vue se retrouve finalement dans les deux camps. Ne pas souhaiter devenir parent reflète plus de l'individualisme que de l'égoïsme, et c'est effectivement une tendance qu'on retrouve à bien des égards chez beaucoup de nos contemporains. Notre société est de plus en plus centrée sur l'individu plutôt que sur le collectif, et on revendique beaucoup plus facilement le désir de se soustraire au maximum de contraintes, tant dans la vie professionnelle que dans la vie personnelle. Et même si les valeurs familiales traditionnelles figurent toujours au rang de norme sociale incontournable, d'évidence d'autres schémas se dessinent aujourd'hui. L'accomplissement d'une femme peut aussi passer par sa carrière professionnelle, un engagement associatif, une vie de couple réussie... et dans ces cas-là avoir un enfant peut représenter une charge, une servitude ou un sacrifice. Est-ce être égoïste de penser ainsi ? Non. Individualiste ? Oui, peut-être. Sur l'échelle de l'individualisme, à quel niveau me situer du fait que j'ai un chien ? C'est tout de même une preuve que je suis en mesure d'accepter un minimum de sacrifices et d'organiser aussi mon emploi du temps en fonction d'un autre être vivant entièrement dépendant de moi, toute sa vie, sur le plan de son alimentation, sa santé, son hygiène, et qui n'a pas de mots pour exprimer ce qu'il ressent (un éternel bébé), n'est-ce pas ? Je me suis mis, moi aussi, un petit fil à la patte finalement.

Quant au choix de devenir parent, peut-on s'interroger ? La reproduction est une finalité en soi pour la perpétuation d'une espèce, c'est somme toute ce qu'il y a de plus naturel. Mais l'espèce humaine n'est pas en danger d'extinction (mis à part du fait de ses propres agissements), sachant qu'au jour où j'écris ces lignes notre population a dépassé les 8 milliards sur Terre (pour mémoire, nous n'étions encore que 2,4 milliards en 1940). Quand les moyens de contraception nous permettent de décider quand et avec qui on choisit de concevoir un enfant, quelles sont les raisons qui font sauter le pas ? Laisser une trace derrière soi, s'offrir une pseudo-éternité à travers la génération qui suit, ne pas vouloir que son héritage familial disparaisse, avoir un « mini-soi », connaître l'amour parental inconditionnel et unique, transmettre ses gènes et ses valeurs, construire une cellule familiale pour ne pas être ou vieillir seul, mener un projet avec son conjoint, avoir le sentiment d'être indispensable pour quelqu'un… ? Pour certaines de ces justifications, le chien peut d'ailleurs suffire. Et comme lorsqu'on a des enfants, ils demanderont forcément un chien à un moment donné, parfois autant avoir un chien directement ! Mais on remarquera tout de même, dans la plupart des raisons invoquées pour procréer, une dimension égoïste et, qui plus est, narcissique. C'est à travers les mots de Sylvain Tesson que j'en ai vu la plus belle illustration, comme souvent d'ailleurs. Je l'écoutais au micro d'Isabelle Morizet sur Europe 1 :

« Profondément et de façon définitive, vous ne voulez pas d'enfant ?

— […] Je trouve qu'il y a parfois, dans cette espèce de réflexe à se propager, à se reproduire, quelque chose qui appartient, me semble-t-il – peut-être que je me trompe –, au contentement de soi-même. Pour aimer avoir des enfants, il faut d'abord beaucoup s'apprécier, et je n'en suis pas encore là. »

Lorsqu'on fait un enfant, on le fait avant tout pour soi, ou éventuellement pour son couple ou son conjoint, mais ça ne peut pas être pour sauver l'espèce, ni pour le bonheur d'un être vivant qui n'existe pas encore.

Et se pose-t-on d'ailleurs la question de savoir si on sera ou non un bon parent avant de procréer ? Virginie Despentes, dans *Cher connard*[1], fait dire à son personnage : « Aujourd'hui, les gamins ont été convertis en accessoires essentiels pour la bonne image de leurs géniteurs. » Il n'y a qu'à voir tout ce qui se trame sur les réseaux sociaux et la façon dont certains parents exposent la vie et les exploits de leur « mini-moi ».

---

1. Virginie Despentes, *Cher connard*, Grasset, 2022.

Parfois, il se peut aussi qu'il n'y ait pas de raisons vraiment réfléchies qui poussent à faire un enfant. Une sorte de parcours biologique et social tout tracé, qui n'a pas à être remis en question mais se poursuit ; et qui, chez une femme, nécessite aussi de veiller à ne pas emprunter trop de chemins de traverse, au risque de ne plus jamais pouvoir rejoindre le parcours balisé. La fameuse horloge biologique ! Une de mes amies me disait encore il y a peu : « Si j'avais eu le choix de repousser à plus tard le fait de devenir maman, je l'aurais fait. J'avais encore beaucoup de choses à vivre avant d'avoir des enfants. Mais j'avais 35 ans. Et le corps médical te fait bien comprendre que, dès l'âge de 30 ans, ta fertilité diminue, donc, à un moment, tu te lances. Pas forcément par envie irrépressible. Mais en anticipant qu'après il sera peut-être trop tard. » Mon amie et moi étions au téléphone lorsque nous avons eu cette discussion. Est venu le moment de conclure notre petit *call* hebdomadaire :

« Bon, en parlant d'enfants, je te laisse, je dois aller donner le bain aux garçons.

— Eh bien, à chacun sa peine, je dois sortir Colonel sous la pluie ! »

3

Garder le contrôle

Ce soir-là, je prenais un verre avec Agathe. Nous sortions d'un concert où se produisaient Benjamin Biolay et Juliette Armanet. Agathe est maman de deux petites filles, Romy et Inès. Elle est divorcée de leur père depuis maintenant deux ans. Et goûte ainsi, une semaine sur deux, et ce soir particulièrement, à une forme de liberté retrouvée lorsque les petites sont avec son ex-mari. J'aime bien constater en parlant avec mes ami(e)s ce qu'est le quotidien des parents. Généralement, cela me conforte. Et je me suis rendu compte que j'étais régulièrement témoin de ce sentiment de plénitude et de soulagement du « sans-enfant » chez nombre d'entre eux quand, les conjoints séparés, un système de garde alternée est mis en place ou lorsque les enfants sont enfin en vacances chez les grands-parents. Personnellement, je n'ai jamais ressenti avec Colonel ce besoin de faire un break ou de souffler. Sa présence ne m'oppresse jamais. Mais ce soir-là, avec Agathe, c'est autre chose qui m'a interpellée dans notre discussion. Agathe met un point d'honneur à ce que ses deux têtes blondes soient toujours bien lookées. Et elle a du goût. Avec son duo de princesses, tout aussi jolies l'une que l'autre, et déjà très *girly* dans leurs attitudes, elle s'éclate !

« Tu n'aurais pas voulu avoir un petit garçon ? lui demandai-je.

— Oh non, surtout pas ! Je ne voulais pas de garçon. À tel point que lors de l'échographie pour Romy au cours de laquelle on a pu apprendre le sexe, j'appréhendais tellement, j'étais mal, je transpirais, je n'avais qu'une peur : qu'on me dise que c'était un garçon. J'ai été très soulagée quand le verdict est tombé et que le médecin m'a dit que c'était une petite fille ! Je lui ai demandé de me le confirmer trois fois de suite : "Vous êtes sûr ?"

— Pour ta deuxième grossesse, tu avais moins d'appréhension alors ? Garçon ou fille, peu importait ?

— Mais pas du tout ! C'est la réflexion qu'on m'a beaucoup faite, mais non, je voulais encore absolument une petite fille. »

Agathe peut s'estimer heureuse. Statistiquement, elle avait une chance sur quatre d'avoir deux filles. Mais je la comprends. Si je m'étais lancée dans une aventure maternelle classique, je sais que j'aurais rêvé d'avoir une petite fille, et je me demande bien comment j'aurais vécu la déception éternelle de ne pas voir mon souhait exaucé. Cette déception s'évanouit-elle ou s'estompe-t-elle seulement avec le temps ? Je ne suis pas sûre que beaucoup de parents soient prêts à s'exprimer sur ce sujet glissant, mais je ne peux pas croire que, le jour de l'annonce du sexe de l'enfant, on puisse oublier aussi vite et sans regret la projection mentale qu'on avait pu construire et fantasmer. Moi, très honnêtement, je n'aurais su que faire d'un garçon. D'autant que j'ai récemment appris, preuves scientifiques à l'appui, qu'avoir un garçon n'était pas bon pour la santé ! Je n'ai jamais fait de recherches en ce sens, mais c'est une de mes amies, Julie, maman de Victor et d'Arthur, qui, sans le vouloir, m'a apporté cet argument sur un plateau d'argent. Julie me racontait combien ses deux garçons lui en font voir parfois de toutes les couleurs et se chamaillent pour un oui ou pour un non. Elle était épuisée par une semaine de vacances passée vingt-quatre heures sur vingt-quatre avec ses loulous, et tout aussi désespérée après la lecture des conclusions d'une très récente publication[I] : être parent de plusieurs garçons prédispose, l'âge faisant, à un déclin cognitif plus rapide que lorsqu'on a des filles à la maison. De précédentes recherches avaient déjà établi un lien entre le nombre de garçons et la prévalence de problèmes de santé pour la maman sur le long terme, comme la démence. Rien que ça ! Quelques semaines plus tard, c'était à mon tour de partager avec elle, sur une note d'humour et au second degré bien sûr – nous nous amusons souvent de nos situations respectives –, le résumé d'une autre étude[II]. Cette publication révélait que la possession d'un animal de compagnie, et plus particulièrement celle d'un chien, augmenterait les performances mentales au cours de la vie d'un adulte et participerait à limiter le déclin cognitif lié au vieillissement, faisant gagner schématiquement au cerveau quinze ans ! Je ne ferai pas de raccourci hasardeux, d'autant que je choisis d'argumenter mon propos avec les études qui me parlent, mais, mises en parallèle, ces deux conclusions ont de quoi faire sourire, apporter de l'eau à mon moulin et susciter le débat. Rendez-vous dans trente ou quarante ans, les filles !

Quand on décide d'avoir un enfant, on remet quand même ses rêves, ses espoirs et donc a priori sa santé mentale, dans les mains du hasard de la rencontre entre un spermatozoïde et un ovule. À titre personnel, je n'aime pas trop convoquer le hasard, ou alors je veux le contrôler afin qu'il soit réduit au strict minimum. En optant pour un chien, j'ai pu cocher toutes les petites cases qui me semblaient indispensables pour coller à la projection que je me faisais de mon futur compagnon. À commencer par le sexe. Et je voulais bien sûr… un mâle ! Je ne suis pas à une ambivalence près dans la vie. Mon précédent chien, Roots, un jack russel terrier, était déjà un petit gars. Pourquoi suis-je si catégorique ? Y a-t-il un tempérament propre aux mâles et aux femelles qui m'a décidée, au-delà des différences physiologiques comme les chaleurs, le marquage urinaire ou les chevauchements ? De façon empirique, on dit souvent que les mâles sont plus joueurs, plus énergiques, et les femelles plus douces et plus rapidement matures, donc plus réceptives aux apprentissages à un même âge, mais cela n'a jamais été confirmé par des études ou des enquêtes sérieuses au sein de la population canine. On ne peut donc pas véritablement définir des traits de caractère en fonction du sexe. En revanche, ce qui est tout à fait possible, c'est qu'en tant qu'humain, avec nos schémas socioculturels ancrés et notre perception du genre (qui n'existe cependant pas chez les animaux), on se comporte différemment lorsqu'on a en face de soi un chien ou une chienne, faisant peut-être émerger des attitudes propres à chaque sexe.

De mon côté, je pense qu'inconsciemment ce qui a guidé mon choix, c'est que je cherchais une forme de présence masculine dans ma vie. Créer un duo équilibré. D'ailleurs, je surnomme aussi bien Colonel « mon fils poilu » que « mon alter ego canin » ou encore « mon petit mec ». Qui peut se prévaloir d'endosser autant de rôles dans un si petit corps ? J'ai peut-être une piste : éventuellement une femme vis-à-vis d'un conjoint qui lui demanderait d'être à la fois sa compagne, sa maîtresse, sa pote, sa cuisinière, son infirmière et sa mère. J'espère que je ne fais pas porter à Colonel un poids trop lourd et qu'il ne va pas me faire un burn-out ! Ce qui est sûr, c'est que, quand je l'observe, il n'y a aucune hésitation possible : Colonel incarne vraiment ce qu'on peut projeter d'un chien mâle. C'est un vrai petit guerrier, qui n'a peur de rien, qui aime le contact rugueux avec les autres chiens et qui a une belle confiance en lui. On n'a jamais eu à me poser la question : « C'est un mâle ou une femelle ? » Sûrement aussi parce qu'il a son petit zizi à l'air, ce qui est moins commun pour un bébé qu'on balade dans un landau. Cela dit, on éviterait ainsi certaines méprises sur le sexe de l'enfant. Je suis sûre qu'il est désagréable pour un parent qu'une personne soit incapable de repérer si son bébé est une fille ou un garçon.

Bien sûr, je ne me suis pas arrêtée au choix du sexe de mon chien car j'avais également une idée très précise de la race que je voulais : un border terrier.

Il semblerait que ce qui guide notre attirance pour telle ou telle race de chien et ce qui explique nos choix amoureux seraient similaires. Exclusion faite de la dimension « brassage génétique » pour assurer une descendance la plus vigoureuse possible ! Ainsi, quand on cherche à s'apparier, on se dirige inconsciemment vers quelqu'un qui nous ressemble : l'apparente familiarité permet un attachement plus précoce entre deux êtres ; elle est un gage de relation durable dans le temps. Mais ça ne s'arrête pas là. Que ce soit un look, une voiture, un mec ou un chien, tous nos choix sont guidés par un mouvement extrêmement narcissique. Ils deviennent ainsi des projections de nous-mêmes, permettant d'affirmer notre propre identité ou, du moins, la façon dont on veut être perçu par les autres. Autant que ce soit satisfaisant et gratifiant. Alors, à travers mon chien, quelle image ai-je envie de renvoyer aux autres ? J'aime beaucoup les golden retriever, mais ils font trop « famille avec enfants » ; les bergers australiens sont très sympas, mais tellement communs maintenant. À format équivalent, pourquoi pas un cocker par exemple ? Non : son côté un peu godiche avec ses longues oreilles et ses yeux implorants, ce n'est pas pour moi ! Un cavalier king-charles ? Trop sage ! J'ai toujours eu un faible pour les terriers : hardis, « idée fixe » et têtes brûlées, ils donnent la sensation d'être de grands chiens dans un petit corps. J'aime la précision de leur intelligence, leur joie de vivre, leur proximité avec l'humain sans être envahissants, gardant toujours une certaine autonomie. Mon inclination pour ces chiens ne date pas d'hier. J'ai consacré ma thèse vétérinaire au comportement des terriers. Quant au look du border, il est rustique. Ses moustaches lui donnent un air vintage et son poil dur et rêche rappelle celui du sanglier. Est-ce que je ressemble à tout ça ? Suis-je l'illustration du « tel maître tel chien » ? Je serais curieuse de connaître la perception que les gens ont de notre duo. En tout cas, ce qui est sûr, c'est qu'à peu de chose près je savais à quoi il allait ressembler adulte. On admettra que c'est sensiblement moins évident quand il s'agit du fruit de l'union d'un homme et d'une femme, aussi séduisants soient-ils. Ce qui me fait penser à la réflexion ubuesque de ma gynécologue qui s'étonnait de mon choix de ne pas vouloir d'enfant : « C'est tout de même dommage, une belle fille comme vous ! » Parfois, un peu d'impartialité de la part du corps médical ne nuirait pas. Et ça ne m'aurait pas empêchée d'avoir un enfant qui serait devenu un adolescent aux cheveux gras, boutonneux et à l'hygiène corporelle douteuse. Que j'aurais aimé tout de même, c'est certain. La beauté ne fait pas tout, chère docteure. Cela dit, il existe des border terriers assez disgracieux, de mon point de vue : le museau plus aplati, un cou de veau et le poil laineux. J'ai préféré éviter ça et j'ai épluché pendant des semaines les pages internet des élevages de border terriers en France. Quand je me suis tournée vers celui de Brigitte et Pascal Belin, dans l'Yonne, je connaissais par cœur les photos de tous les chiens nés chez eux. J'ai aimé leur travail de sélection morphologique depuis plus de vingt ans. Eugénisme, quand tu nous tiens… Brigitte et Pascal font naître de beaux chiens et sont très impliqués pour en faire des chiots équilibrés. Il a fallu ensuite identifier, dans la portée de trois mâles, celui dont le tempérament s'accorderait le mieux au mode de vie que j'allais lui offrir. Quand je vous dis que rien n'est laissé au hasard…

> « *Nos choix deviennent ainsi des projections de nous-mêmes.* »

Lorsqu'on veut un bébé, on n'en choisit ni le sexe, ni l'apparence, ni les traits de caractère (pour le moment !). C'est la roulette russe. La magie de la vie sûrement aussi. Mais il y a un risque que je n'ai jamais voulu prendre : mettre au monde un enfant malade. J'ai une compassion et une admiration profondes pour le courage des parents qui sont confrontés au handicap ou à la maladie de leur enfant. Dans les pays développés, la prévalence de maladies génétiques ou de malformations congénitales graves se situe entre 25 et 60 naissances sur 1 000. Une fourchette qui me paraît effrayante. Oui, j'aurais eu la trouille au ventre, c'est le cas de le dire, de rentrer dans ces tristes statistiques. J'aurais imaginé les pires scénarios pendant neuf mois, même si les diagnostics prénataux sont de plus en plus performants et permettent de prendre des décisions ou de se préparer. Les futures mamans en parlent peu. On n'ose évoquer ce sujet, sûrement pour éviter de s'attirer le mauvais œil. Mais je suis convaincue que cette crainte en ronge plus d'une. J'ai toujours voulu m'éviter ces terribles situations qui m'angoissent avant qu'elles n'existent. J'ai toujours eu peur du destin. Je ne suis pas douée pour le malheur. Alors, oui, voilà une des raisons pour lesquelles j'ai pris un chien, à défaut d'être capable de me lancer dans l'aventure de la vraie maternité : ce besoin de contrôle qui prend souvent possession de ma vie.

4

Lien d'attachement

Je suis à mon bureau en train de rédiger un article sur mon ordinateur. Depuis que je gravite dans les médias, tantôt chroniqueuse, tantôt journaliste ou autrice, je travaille essentiellement de chez moi… Beaucoup de travail de recherche, d'interviews par téléphone et d'écriture ; une activité somme toute assez solitaire. Mon compagnon idéal aurait-il pu être un chat, comme il est de coutume de l'imaginer pour les « écrivains » ? Non, je suis très « chien ». Même si de récentes publications scientifiques prouvent que le chat n'est pas cet animal si indifférent et indépendant que l'on a toujours décrit, la relation dont j'avais besoin dans ma vie ne pouvait pas se construire avec un petit félin. Rien que parce que mes journées à la maison devant mon ordinateur sont parfois vraiment longues et ingrates, je suis heureuse de pouvoir chausser mes baskets, accrocher le collier et la laisse de Colonel et descendre marcher et prendre l'air avec lui.

Je tourne la tête en direction du fauteuil que j'ai installé juste à côté de la fenêtre, et j'observe Colonel. Il est 9 h 42, nous avons déjà fait une première grande balade sur une esplanade proche de chez moi (au minimum une demi-heure pour commencer la journée), il a pris son petit déjeuner, et généralement sa matinée est essentiellement consacrée à la prolongation de sa nuit. Une activité somme toute respectable, et enviable. À cet instant cependant, il ne dort pas. Il est délicatement allongé, tel un sphinx, les pattes avant croisées, le port de tête altier, et il me regarde en retour. Il pourrait être captivé par les pigeons et les corneilles qui se croisent à la fenêtre, mais non. Il me fixe. Pas avec cette insistance qu'il a parfois en fin de journée, à 18 h 04 précisément. Oui, l'heure c'est l'heure avec Colonel ! Il dîne à 18 heures et je n'ai pas besoin de consulter ma montre. Sauf vers la fin du mois d'octobre, où le passage à l'heure d'hiver me vaut une mise sous pression à partir de 17 heures pendant bien une quinzaine de jours. Non, à cet instant, il n'attend rien de moi. Il me regarde. Et nous pouvons passer quelques minutes comme ça, les yeux dans les yeux, en silence. Cela fera bientôt quatre ans que Colonel et moi vivons ensemble, et la scène que je vous décris là est quotidienne. Si les yeux sont les miroirs de l'âme, Colonel en connaît long sur moi. Il se passe tellement de choses entre nous lorsque nous nous regardons. Pourtant, cette banalité dans notre relation, nous regarder, est une adaptation extraordinaire que les chiens ont développée à force d'évoluer aux côtés de l'homme et qui participe à la force du lien. Un peu de science s'impose ici pour apporter quelques éléments probants : dans le règne animal en général, au sein d'une même espèce, les regards partagés sont extrêmement rares voire inexistants. Ils ne durent que deux à trois secondes et sont soigneusement évités car ils sont dans la majorité des cas synonymes de menaces et de conflits. Mis à part chez l'homme... ou chez les bonobos quand ils s'accouplent dans la position du missionnaire – ça mérite d'être souligné ! Chez les loups, la communication visuelle est sommaire : lorsqu'un dominant toise un subalterne, celui-ci baisse les yeux très rapidement, en signe d'apaisement et de « *no war, please !* ». Cela dit, entre deux chiens, la communication repose essentiellement sur l'observation de l'attitude corporelle et des mimiques faciales, comme chez le loup d'ailleurs, et la recherche d'informations ne se fait pas non plus les yeux dans les yeux. Et pourtant, même si ça ne fait pas partie du répertoire comportemental propre à l'espèce, les chiens ont appris à nous regarder dans les yeux, sans appréhension ni arrière-pensée négative, mais au contraire afin d'en retirer des informations utiles, ce qui ne se verra jamais chez le loup. Cette différence entre le loup et le chien a pu être reproduite de manière expérimentale. Des tests[III], avec à la clé de la nourriture, ont été menés en comparant le comportement de chiens à celui de loups apprivoisés, dont on pouvait donc considérer qu'ils avaient des niveaux de socialisation et de familiarisation à l'humain équivalents. Dans cette expérience, dès lors que la tâche à résoudre s'avère inhabituelle et plus complexe, les chiens cherchent rapidement de l'aide dans le regard de l'expérimentateur (recherche de soutien ou d'indice) pour parvenir à leurs fins, tandis que les loups s'échinent tout seuls, sans succès. D'autres investigations ont montré que la recherche du contact visuel dans la relation homme-chien était déjà présente chez des chiots âgés de quelques semaines seulement et qui n'avaient pourtant eu que des contacts très restreints avec l'humain. Que Colonel me regarde dans les yeux est donc une aptitude inscrite dans ses gènes et qui participe nécessairement au lien si unique que l'on peut nouer avec un chien. Le regard est tellement crucial que c'est devenu le premier indice sur lequel vont s'appuyer les chiens pour savoir si leur maître s'adresse à eux. « Est-ce qu'il me regarde ? » a plus de poids que « On me parle ? » et rend le chien plus enclin à répondre à un éventuel ordre. Les chiens n'en finissent pas de me fasciner ! Cependant, même si c'est une aptitude instinctive, j'ai constaté qu'elle prend de l'ampleur au fur et à mesure que la relation grandit et s'inscrit dans le temps. Petit, Colonel me regardait mais ne tenait pas le contact visuel très longtemps, au point que je m'en suis inquiétée les premiers mois. J'avais le souvenir vraiment marquant avec Roots, mon précédent chien, un jack russel terrier, d'échanges de regards intenses ; je me suis un temps demandé si je le revivrais avec Colonel.

Tout n'était qu'une question de patience. La complicité dans le regard est sans aucun doute directement liée à la confiance réciproque et, comme pour toute relation entre deux êtres vivants, elle s'installe progressivement.

Mais ce n'est pas tout. Cette faculté s'est accompagnée, chez notre chien de compagnie, de modifications morphologiques très particulières par rapport au loup. Des dissections anatomiques sur cadavres[IV] ont révélé une différence majeure entre les deux espèces au niveau des muscles faciaux autour des yeux. Le chien, contrairement au loup, est équipé du Laom, en anglais le *levator anguli oculi medialis muscle*, c'est-à-dire le muscle élévateur de l'angle interne de l'œil. La contraction de ce muscle relève le sourcil, agrandit le regard et peut laisser apparaître le blanc de l'œil, ce qu'on appelle la sclère, qui facilite l'appréciation de l'orientation du regard ; et nous, humains, y serions très sensibles. Tout cela vient ainsi accentuer l'expressivité du regard et de la physionomie du chien. L'activation de ce muscle sourcilier peut faire prendre au chien aussi bien un air curieux et interrogateur qu'un air triste ou la fameuse « tête de coupable ». Et les chiens se rendent ainsi irrésistibles. Preuve la plus éloquente de cet avantage compétitif que les chiens ont développé (pour nous séduire) : dans un refuge, ceux qui usent de ce stratagème trouvent plus rapidement des adoptants que les autres[V].

Donc Colonel et la plupart de ses congénères nous regardent dans les yeux, avec des petits mouvements de sourcils, dignes des plus grands acteurs du cinéma muet. Il suffit de se remémorer la performance de Jean Dujardin dans *The Artist* pour comprendre l'importance des sourcils dans le langage non verbal. Eh bien, les chiens, dénués de paroles, utilisent aussi ce stratagème afin de communiquer avec nous, capter notre attention et nous faire craquer. Ils peuvent ensuite compter sur nos bons soins.

Autre chose encore passe dans le regard. Revenons dans l'intimité de mon appartement, Colonel posé sur son fauteuil. Il n'attend rien de moi, il sait que je suis concentrée sur mon ordinateur et qu'a priori il ne va pas se passer grand-chose d'excitant ; il est habitué à cette routine de travail. Pourtant, il ne me lâche pas des yeux. Je suis incapable de savoir ce qui se trame exactement dans sa petite tête de chien à ce moment-là. Je décrypte cependant une certaine sérénité, de l'apaisement, de la confiance... et de l'amour aussi ! Mais que n'ai-je pas dit là ? L'amour est encore trop souvent écarté par les scientifiques quand il s'agit de parler du ressenti des animaux. Que les chiens soient des êtres doués de sensibilité, éprouvant les émotions primaires que sont la joie, la peur, la colère, la surprise, le dégoût, la tristesse, est admis. Mais parler d'amour est une frontière qui paraît pour certains infranchissable, et ce serait même presque grossier. Certes, Colonel ne peut pas mettre de mots sur ce qu'il ressent. Pour autant ne le privons pas de cette capacité à aimer uniquement parce qu'il est dépourvu de langage verbal. Quand on a la chance d'avoir un chien dans sa vie, on ne peut qu'être intimement convaincu qu'un lien affectif fort, de l'amour, nous réunit. Heureusement, de plus en plus de chercheurs se penchent sur la nature de ce lien si particulier entre un chien et son maître, en explorant et analysant à la fois les manifestations comportementales et ce qu'il se passe d'un point de vue hormonal ou encore cérébral. Et en prenant comme point de comparaison le lien... entre une mère et son enfant, qu'on appelle l'attachement.

Revenons succinctement sur ce qu'est l'attachement chez l'humain. C'est un processus complexe, auquel un ami et confrère vétérinaire, Claude Béata, a consacré tout un livre, *Au risque d'aimer :*

des origines animales de l'attachement aux amours humaines[1]. John Bowlby, psychiatre et psychanalyste britannique, a été le pionnier de la théorie de l'attachement au milieu du XXe siècle. L'attachement est un besoin affectif tout aussi important pour la survie et le développement d'un bébé humain que ses besoins physiologiques : c'est finalement une fonction vitale. Les parents représentent généralement la figure d'attachement, car ce sont eux qui s'occupent du bébé les premiers mois, mais cela peut aussi être une personne qui n'a pas de lien biologique. Pour le bébé, l'attachement se manifeste par une tendance primaire et permanente à rechercher la présence, la proximité de cette figure d'attachement, notamment lors de situations stressantes ou dangereuses. Une autre caractéristique fondamentale de l'attachement est que c'est une relation réciproque mais dissymétrique : pour la figure d'attachement, cette relation n'est pas vitale, pourtant elle peut se prolonger toute la vie. Tandis que pour le bébé ce lien est vital, mais appelé à s'atténuer progressivement (parfois au grand dam des parents), puisque l'idée est qu'il puisse un jour devenir un adulte autonome, quitter le nid familial et éventuellement fonder sa propre famille.

L'attachement est-il le propre de l'humain ? Bien évidemment, non. On le trouve chez de nombreuses espèces animales, entre une mère et ses petits, et en l'occurrence chez le chien puisque c'est l'espèce qui m'intéresse ici. Claude Béata n'hésite pas à dire :

---

[1]. Claude Béata, *Au risque d'aimer : des origines animales de l'attachement aux amours humaines*, Odile Jacob, 2015.

« L'attachement du chiot à sa mère est en fait assez proche de ce qui se passe dans l'espèce humaine, pour gêner sans doute beaucoup de monde[1]. » Une des similitudes est que l'attachement entre une mère et ses chiots n'est pas fait pour subsister toute la vie : les petits vont gagner en autonomie au fur et à mesure afin de pouvoir quitter définitivement le cocon nourricier et protecteur. La chienne elle-même s'implique activement dans cette étape du développement de ses petits et amorce le processus de détachement lorsqu'ils sont âgés de trois mois environ, en les rejetant et en ne tolérant plus les contacts. Mais, jusqu'à l'âge de trois mois, la figure maternelle reste importante et très rassurante pour un chiot. Aussi, quand nous adoptons un bébé chien et qu'il a entre 8 et 10 semaines comme c'est souvent le cas, imaginons le bouleversement que cela représente pour lui : perdre sa figure d'attachement originelle et se retrouver dans une famille humaine totalement inconnue ! Se dessine ici une des grandes prouesses de l'espèce canine : la capacité de pouvoir s'enticher progressivement, mais assez rapidement lorsque les conditions sont favorables et réunies, d'une nouvelle figure d'attachement, humaine cette fois. À cet âge-là, le chiot en a encore besoin, pour son équilibre émotionnel, ses apprentissages et la poursuite de son développement. Reviendra cependant à son maître ou à sa maîtresse, un peu avant la puberté, la mission d'opérer un détachement, comme l'aurait fait sa mère, pour que le chien puisse acquérir une certaine autonomie et ne souffre pas d'hyperattachement

---

1. Claude Béata, *op. cit.*, p. 50.

(j'en parlerai dans un prochain chapitre[1]). Le lien qui persiste entre un chien et un humain reste toujours très fort, on ne peut pas dire que l'animal devient indépendant. Alors, une fois que toutes ces étapes sont passées, quelle est la nature de la relation entre un chien adulte et son propriétaire ? Est-ce que mon lien affectif avec Colonel s'apparente à un attachement tel qu'on peut le décrire entre une mère et son enfant et perdurera « jusqu'à ce que la mort nous sépare » ?

« L'attachement est-il le propre de l'humain ? »

Explorons-le d'abord sous un angle comportemental.

Jude Cassidy et Phillip Shaver[VI], tous deux professeurs d'université aux États-Unis et spécialistes reconnus dans l'étude du développement psychologique, ont proposé quatre critères pour distinguer le véritable attachement des autres liens affectifs : la recherche de la proximité physique avec la figure d'attachement, le sentiment de détresse lors de la séparation subie avec la figure d'attachement, l'utilisation de la figure d'attachement comme base sécurisante pour pouvoir explorer son environnement, et enfin la recherche active d'apaisement et de réconfort auprès de la figure d'attachement en cas de stress. J'ai donc observé et analysé le comportement de Colonel au regard de ces quatre critères. Pour commencer, lorsque nous sommes à la maison, Colonel ne me suit pas systématiquement quand

---

1. Voir chapitre 9, p. 129.

je change de pièce, mais si je m'éternise, il me rejoint et préfère être là où je suis. Je fais aussi le constat évident que, lorsque je lui laisse le choix, Colonel préfère passer ses nuits sur le lit à côté de moi (voire collé à moi) plutôt que seul dans le salon, même s'il apprécie le confort de son panier. Clairement, il recherche ma proximité physique : on peut dire que le premier critère de Cassidy et Shaver est validé. Qu'en est-il de sa réaction à la séparation ? J'ai appris très tôt à Colonel à rester seul. Je peux m'absenter sans problème plusieurs heures, une caméra connectée (mon *babyphone* à moi) m'a permis de vérifier à distance qu'il ne semblait pas mal le vivre et qu'il en profitait pour dormir. Comme beaucoup de chiens, il se met en « pause » lorsque je ne suis pas là ; il est rare qu'un chien joue ou s'active quand il est laissé seul. Colonel est cependant très démonstratif lors des retrouvailles. Par ailleurs, si je rends visite à mes parents et que je leur laisse mon chien le temps d'un rendez-vous, ils me rapportent systématiquement qu'il m'attend derrière la porte en pleurant. Ce n'est pas que ça me ravisse, je préférerais qu'il soit détendu plutôt qu'il ne manifeste des signaux de détresse (qui ne durent pas, heureusement, ce qui me permet de leur confier parfois quelques jours), mais cela prouve le lien que nous avons : deuxième critère d'attachement confirmé. Troisième critère à explorer : suis-je une base sécurisante pour Colonel ? Oui, j'en suis convaincue. Pour preuve, son attitude lors des balades. Je le promène beaucoup sans laisse, dans la rue ou au bois de Boulogne ; il va de l'avant et part volontiers interagir avec d'autres chiens ou explorer ce qui se trame dans les buissons, mais je remarque bien qu'il ne me perd jamais de vue. Si je m'amuse à me cacher afin de l'observer (le cache-cache est une activité qu'on peut pratiquer aussi bien avec un enfant qu'avec un chien), il lui faut peu de temps pour qu'il s'inquiète de mon absence et abandonne ses activités pour partir à ma recherche. Enfin, bien qu'il ait le tempérament d'un leader vis-à-vis de ses congénères, deux chiens que nous croisons régulièrement, Emma, une cane corso, et Django, un malinois, ne le mettent pas à l'aise ; il en a peur, à raison car ils l'ont molesté à notre arrivée dans le quartier. À chaque fois que nous les rencontrons, l'attitude de Colonel, si sûr de lui pourtant en toutes circonstances, change radicalement : queue entre les pattes, il se recroqueville légèrement et vient se mettre à l'abri derrière mes jambes. Stressé, il cherche du réconfort auprès de moi : voilà donc le quatrième critère de Cassidy et Shaver validé.

Au regard de ces aspects comportementaux, il y a donc matière à faire un parallèle entre le lien d'attachement qui existe entre une mère et son enfant et celui qui se construit avec un chien.

D'autant plus que ce qu'il se passe d'un point de vue hormonal va dans le même sens. Intéressons-nous à l'ocytocine, qu'on l'appelle aussi « l'hormone de l'attachement ou de l'amour », pour comprendre ce qui se trame lorsque Colonel et moi nous nous regardons.

« Décidément, il s'en passe des choses d'un point de vue chimique entre Colonel et moi ! »

Des chercheurs japonais ont montré en 2008 que la concentration d'ocytocine dans les urines des volontaires de l'expérience augmentait de façon significative lorsque leur chien les regardait[VII]. Puis, dans des travaux plus récents datant de 2015, la même équipe de scientifiques a mis en évidence – soulagement pour la *petparent*[1] que je suis – que la réciproque était vraie : le pic d'ocytocine à la suite d'échanges de regards entre un propriétaire et son chien se retrouvait aussi dans les urines de l'animal. Et lorsque les scientifiques faisaient absorber au chien de l'ocytocine de synthèse, grâce à un spray intranasal, avant la mise en contact avec son propriétaire, les échanges de regard étaient encore plus longs. Donc plus on s'aime, plus on se regarde longtemps. Plus on se regarde longtemps, plus on s'aime. Les effets physiologiques de ces regards, à savoir la production d'ocytocine, sont exactement les mêmes que ceux que l'on retrouve dans notre espèce, lorsqu'une maman observe longuement le visage de son nouveau-né. Bien sûr, la décharge de l'hormone de l'amour ne se fait pas qu'à travers le regard. Une autre étude menée par une équipe suédoise en 2015 a mis en évidence un pic d'ocytocine également chez les chiens qui retrouvaient leur propriétaire après une séparation d'une demi-heure[VIII]. Concentration d'ocytocine dans le sang qui restait élevée d'autant plus longtemps que le retour était associé à des caresses prolongées…

---

1. *Petparent* (terme anglais) : maître d'un animal de compagnie qui ressent une relation filiale avec son animal et se considère comme son « parent ».

En plus de l'ocytocine, on sait aussi que lors d'interactions positives entre un chien et son maître, que ce soit à travers les regards, les caresses, les mots doux ou la simple proximité physique, toute une série d'autres hormones et neuromédiateurs sont sécrétés. On pourrait parler de la prolactine, qui vient prolonger le déclenchement de l'attachement initié par l'ocytocine. De la dopamine, le neurotransmetteur qui tient un rôle majeur dans le circuit de la récompense et permet de ressentir du plaisir dans l'attachement. De la noradrénaline, qui contribue au maintien de la vigilance, et donc à la mémorisation des caractéristiques de l'être aimé (apparence, odeur, voix). De la béta-phényléthylamine (de la même famille que les amphétamines), autre molécule favorisant une humeur positive[IX]. Ou encore de la béta-endorphine, qui diminue les sensations de stress et favorise l'état de bien-être[1]. Décidément, il s'en passe des choses d'un point de vue chimique entre Colonel et moi !

Outre le comportement, les hormones et les neuromédiateurs, un autre champ d'investigation permet de préciser ce lien si particulier entre l'homme et le chien. Ainsi, l'imagerie médicale a fourni quelques preuves de ce qui peut se passer également au niveau cérébral. Tout d'abord chez l'humain. Des chercheurs d'un hôpital du Massachusetts ont observé au scanner le cerveau de femmes à qui l'on montrait des photos de leur enfant et de leur chien, puis des photos d'enfant ou de chien inconnus[X]. Il s'est avéré que de nombreuses zones du cerveau impliquées dans les

---

1. Claude Béata, *Au risque d'aimer*, op. cit.

émotions, la récompense, l'affiliation, le traitement visuel et les interactions sociales étaient activées de façon similaire lorsqu'une mère regardait son propre enfant ou son propre chien, mais pas devant des photos inconnues. En revanche, certaines régions du cerveau réagissaient uniquement en face de leur bébé et non de leur animal, ce qui pourrait s'expliquer par un dessein évolutif qui diffère tout de même entre les projections que l'on construit avec un enfant ou avec un chien. Et nous aurons l'occasion de voir que, lorsqu'on a un bébé, on relativise la place que peut prendre un chien dans une famille. Alors que pour moi qui suis *petparent* célibataire et sans enfant, il y a des chances que, dans mon cerveau, toutes les zones concernées par le *human-children bond*[1] clignotent !

Des expériences similaires ont pu être menées cette fois chez des chiens pour s'assurer de la réciprocité de la relation. Derrière ces résultats, un premier exploit : entraîner les animaux à rester totalement immobiles au cours d'une IRM. C'était une condition *sine qua non* pour mener les études puisqu'elles consistaient à leur montrer des images ou leur faire sentir des odeurs : il fallait donc que les animaux soient vigiles, afin de mettre en évidence les aires cérébrales sollicitées. Les premiers résultats de ces expériences ont révélé que, lorsque le chien visualisait une photo ou sentait l'odeur de son propriétaire, les zones cérébrales relatives à l'émotion, au processus d'attachement et au circuit de la récompense s'activaient de façon plus importante que face à un congénère, un

---

1. *Human-children bond* (termes anglais) : lien humain-enfants.

inconnu ou même un autre membre de la famille. Et pour tous ceux qui pensent que ce qui détermine l'affection d'un chien envers son maître, c'est que ce dernier le nourrit, là encore l'imagerie médicale est venue prouver le contraire. Sur quinze chiens enrôlés dans une étude publiée en 2016, une plus grande activation des circuits de la récompense avec de la nourriture n'a été observée que chez deux d'entre eux[XI]. Les autres réagissaient davantage (ou de façon égale) aux louanges et aux mots doux de leur propriétaire qu'à une gamelle de pâtée. Ces résultats ont conduit Gregory Berns, un neuroscientifique à l'origine des premières études sur le cerveau des chiens par l'imagerie médicale, à déclarer auprès du *New York Times* : « Nous en avons conclu que la majorité des chiens nous aiment au moins autant que la nourriture[XII]. » Ce ne sont que des résultats préliminaires, mais ils viennent confirmer ceux obtenus par l'observation du comportement ou les dosages hormonaux (notamment avec la sécrétion d'ocytocine).

Alors à tous les sceptiques qui tentent de relativiser la relation qui peut naître entre une personne et son chien, je pense qu'il existe, outre les témoignages et les récits de ceux qui la vivent, assez de preuves scientifiques pour affirmer qu'il se passe quelque chose de fort. Très fort et très proche de ce qui existe entre une maman et son enfant. Je suis convaincue que je vis, avec Colonel, une forme de parentalité. Et si je reviens sur ce qui m'a amenée à m'interroger – à savoir « Pourquoi j'ai choisi d'avoir un chien et pas un enfant ? » – il semble qu'avec Colonel la potentielle maman que je suis y trouve son compte. De fins observateurs du duo que je forme avec Colonel en témoignent également. Je dînais il y a peu avec un ami et confrère vétérinaire dans un restaurant non loin de chez moi, que j'adore à la fois pour la qualité de la cuisine et pour le nom qui m'a fait franchir leur porte une première fois : « Oui, mon général ! » : il fallait que je leur présente mon chien. Ce soir-là, Colonel m'accompagnait, comme presque toujours. À la fin du repas, je l'ai pris quelques minutes sur les genoux, voyant bien qu'il ne trouvait pas sa place sur le carrelage du sol (trop habitué au confort du canapé, ce chien…). Mon ami s'est alors exclamé : « Comme il te regarde ! Il est vraiment amoureux de toi, Colonel ! » Faudrait-il maintenant que je m'interroge sur un potentiel complexe d'Œdipe chez un chien ?

5

Amour exclusif

Les femmes qui ne veulent pas d'enfant sont majoritairement perçues comme déficientes ou carencées sur le plan affectif, froides et sans cœur, incomplètes dans leur féminité, la maternité étant encore très valorisée dans l'image de la femme accomplie. Ne pas vouloir d'enfant serait renoncer à l'amour ultime et absolu, et c'est une réflexion que l'on me fait souvent, dès lors que je fais part de mon choix : « Mais tu ne connaîtras jamais cet amour qu'on ressent immédiatement et qui envahit tous les pores de ta peau quand on te met ton enfant pour la première fois dans les bras ? » Ou encore : « Ton enfant, tu l'aimes tellement que tu sacrifierais ta vie pour lui ! » J'admets que ce n'est pas le sentiment qui prime avec un chien... Alors, à force, je me suis tout de même interrogée sur mes capacités à aimer. N'ai-je pas le cœur assez grand pour accueillir un enfant ? Vais-je être cantonnée, par ce choix de vie qui devient un jour irréversible, à de pâles copies de l'amour ? Et comme je m'en satisfais et que je n'éprouve pas le désir de ressentir cet amour « unique », ne serais-je qu'une amatrice de l'amour ?

Pourtant, dans ma vie, j'ai le sentiment de déborder d'amour ! Les petites amours du quotidien – pour le chef cuisinier qui vous émerveille le palais, l'écrivain dont la plume vous transporte, le sourire d'un commerçant qui égaye votre journée… – je les aime ! Et puis j'aime mon chien, évidemment. Les miens – mes parents, mes sœurs et leurs enfants –, je les aime pour l'éternité. Mes amis, profondément. Et les hommes qui traversent ma vie, je les aime passionnément, et parfois obstinément.

L'amour se décline et je ne pense pas qu'il y ait un nombre de cases prédéfinies à remplir, dont la case « enfant », pour pouvoir, au crépuscule de sa vie, déclarer : j'ai connu l'amour. Je ne connaîtrai jamais l'amour maternel, mais ma vie est remplie d'amour.

Pourtant, à travers mon choix de ne pas vouloir d'enfant, voilà qu'on remet en question mes relations amoureuses : « Tu n'as jamais rencontré le bon ? ou un homme qui t'ait donné envie d'avoir un enfant ? » Là encore, sous-entendu : « Tu n'as jamais aimé un homme assez fort (ou inversement) au point de vouloir fonder une famille avec lui ! » Encore très récemment, ma petite sœur trouvait une explication au fait que je ne veuille pas ou que je n'aie pas d'enfant, au regard de mes choix amoureux depuis que j'ai 30 ans : des hommes ayant déjà une vie de famille, ou alors pour qui la vie ne s'inscrit pas dans un projet familial parce qu'ils sont hommes de pouvoir, hommes *successful* au moins en apparence… Pour ma sœur, comme pour beaucoup de personnes d'ailleurs, l'enfant viendrait sceller le couple et serait le fruit de l'amour entre deux individus, et, en quelque sorte, la plus belle preuve d'engagement qu'on puisse offrir à l'être aimé. À tout jamais on s'unit avec son conjoint : on donne vie, ensemble, à « un peu de toi, un peu de moi ». Le couple s'inscrit dans la durée, dans un projet : celui de la famille. Même si les statistiques viennent mettre à mal la beauté initiale du projet, puisque selon le docteur Bernard Geberowicz, psychiatre, 20 à 25 % des couples se séparent dans les mois qui suivent la naissance d'un enfant[1]. Presque un quart des couples ne survivent pas à ce séisme. À croire que l'effet « scellement » de la présence d'un enfant ne prend pas toujours. Et je ne parle même pas ici des couples qui font un enfant justement dans l'espoir de recoller une complicité cassée. Là, on risque de passer directement au stade de la fracture continentale, moins évidente à colmater. Moi, ce qui me fascine, et m'effraie, ce sont les histoires de ces couples qui filent le parfait amour, en apparence faits l'un pour l'autre. Ils s'entendent à merveille, ils sont épanouis, ils bouillonnent de désir, ils sont insouciants, ils se couvrent de mots doux, ils sont beaux. On les envie autant qu'on les déteste. Puis le divin enfant arrive, et vient bouleverser l'équilibre parfait. Qui était justement un équilibre. Par définition il peut se rompre, il est fragile, il est menacé. Alors je salue ceux qui – fort heureusement ils existent – parviennent à recréer une harmonie en devenant parents. Cependant, clairement, il y a un avant et un après. Tout fruit de l'amour qu'il est, le bébé arrive avec

---

1. Mathilde Debry, « "Baby clash" : quand le bébé met le couple à l'épreuve », Pourquoidocteur.fr, 15 octobre 2021.

son petit baluchon, sa tente Quechua, et il compte bien rester longtemps dans la vie du couple. C'est un squatteur. C'est une personne, avec des besoins (plutôt conséquents dès la naissance), des envies et déjà une ébauche de tempérament. L'équation à deux, qui était somme toute assez évidente à résoudre, est devenue d'un seul coup plus complexe : on passe clairement à une équation à trois inconnues. Jusqu'à preuve du contraire, le bébé est un inconnu que l'on apprend à découvrir après neuf mois d'une attente fébrile. Et les deux amoureux, maintenant parents, peuvent devenir en franchissant cette étape de parfaits inconnus l'un pour l'autre. Dévoilant une partie de leur personnalité parfois insoupçonnée. Un homme inconséquent et léger peut se révéler très responsable ; une femme organisée, complètement dépassée. Un enfant, c'est un vrai pari sur l'avenir de son couple ! On redémarre une nouvelle vie et une cohabitation entre trois nouveaux individus. Tout est forcément plus compliqué. Alors qu'en couple la relation était unique, dès lors que le bébé arrive plusieurs relations se superposent ou s'entrechoquent : le père et l'enfant, la mère et l'enfant, le père et la mère, et enfin les parents et l'enfant. Et même si tout peut extrêmement bien se passer, j'ai la vague sensation (pour ne pas dire la conviction) que c'est rarement le cas. Je me suis amusée à faire une recherche internet avec trois mots-clés « couple arrivée bébé ». Voici les résultats des titres sur la première page de Google : « Crise de couple après bébé : comment la surmonter ? » ; « Couple en crise après bébé : bébé a ruiné notre amour (ou presque) » ; « Les huit sujets de dispute auxquels vous ne pourrez pas échapper à l'arrivée de bébé » ; « Six problèmes de couple fréquents après l'arrivée d'un enfant » ; ou encore « Quand l'arrivée d'un enfant fait basculer le couple ». Il y a aussi : « Baby-clash : comment éviter une crise de couple après l'arrivée du bébé », cet article laissant un peu plus d'espoir que les autres – il décrit une crise qui pourrait s'anticiper et se gérer. Et enfin, les deux pépites : « Le bébé : un cauchemar pour le couple ? » et « Mon couple est mort à la minute où mon enfant est né : des parents racontent ». Mais... où est donc passé le fruit de l'amour ? Il y a quand même un sacré gap entre le projet conceptuel et la réalité post-partum. Même recherche, cette fois avec les trois mots-clés « couple arrivée chien ». Premiers résultats ce jour-là : « Avoir un animal : bon ou pas pour le couple ? », ou encore « Un nouveau chien arrive : quelle place dans le cœur des maîtres ? » Cela interpelle déjà plus. J'aime beaucoup les titres suivants : « Avoir un chien est bon pour la santé de votre couple ! » et « Couple : comment notre chien nous rend plus amoureux ». Tout n'est pas toujours rose ; pour ne pas prêcher seulement pour ma paroisse, je vais être honnête dans ma démarche. J'ai donc également trouvé l'article suivant : « Quand le chien prend trop de place dans le couple ». Où est-ce que je veux en venir ? Qu'il ne faut plus procréer mais plutôt adopter un chien ? En ce qui me concerne, oui. Et je n'ai pas trouvé mieux que les propos d'un des deux personnages principaux du livre *Cher connard* de Virginie Despentes. Oscar (c'est son nom) parle de sa nouvelle petite amie : « Clara a un chien. Un chien est beaucoup mieux qu'un enfant – jamais aucun reproche. Si c'était à refaire, je prendrais un chien. D'autant que contrairement à l'enfant qui sépare le couple, met fin à l'histoire romantique, le chien rapproche les partenaires. Ce n'est tellement pas compliqué de montrer à l'autre que tu te comportes bien avec son chien ! Alors que les enfants t'exhibent sous ton plus mauvais jour – tout ce qui est taré en toi ressort –, le chien, au contraire, exalte tes qualités de patience et de tendresse[1]. » Je suis hantée par cette image du bébé comme un tsunami pour le couple. Je l'ai trop vue autour de moi. Et je n'ai jamais eu envie de noyer le mien. Parce que justement je suis une grande amoureuse. Je m'entiche et je m'attache. Fort. J'aime passionnément et assez exclusivement. Je m'épanouis en endossant le rôle de la femme d'un homme. Je suis capable de tout donner à celui que j'aime : mon temps, mon énergie, mon corps, mes nuits, mes projets et mes rêves. Je me sens vivante au sein d'une relation amoureuse très fusionnelle. Même si vivre dans une bulle peut être dangereux et n'est pas forcément un gage de pérennité. J'aime les débuts au cours desquels, à deux, on peut faire vaciller le monde. Ou quand le monde peut s'ébranler sans que cela ne nous fasse tanguer. Et lorsque la relation s'installe dans la durée, lorsqu'il faut faire de la place aux autres, retrouver une vie sociale et sortir de ce tête-à-tête enivrant, je suis en manque. En manque de lui, en manque de nous. Rien ne vient autant me nourrir que cette osmose des débuts. Alors je la traque ensuite

---

[1]. Virginie Despentes, *Cher connard*, *op. cit.*

et je m'attelle à cette tâche : recréer les conditions propices à la résurgence de ces sensations. C'est une mission de chaque instant. Aussi n'y a-t-il pas la place pour un enfant dans ma conception du couple amoureux. Je ne peux pas, en toute conscience, faire sortir de mon corps ce qui viendra rompre ma vision de l'amour absolu et la condition de mon bonheur. Je ne peux pas enfanter mon propre malheur. Pauvre petit qui n'existe pas, je lui en aurais voulu toute ma vie !

Lorsqu'un enfant surgit, toute la vie s'organise différemment et tourne autour de la petite merveille. Alors bien sûr, j'ai pu observer autour de moi, dans les milieux parisiens un peu aisés, qu'il existait une autre option lorsqu'on se lançait dans la parentalité. Déléguer. Se faciliter la vie et se décharger au maximum des contraintes liées aux enfants, « pour ne garder que le meilleur » et ne pas voir sa vie d'adulte trop impactée par leur présence. Ainsi, certains parents font appel à une « régleuse » : une nurse nocturne qui s'occupe du bébé pendant en gros ses trois premiers mois, jusqu'à ce qu'il fasse ses nuits. Et dire que, moi, j'ai programmé mon réveil en pleine nuit pendant plusieurs semaines, lorsque Colonel est arrivé, pour l'emmener faire ses besoins dehors et ne pas l'obliger à se retenir trop longtemps !

> « *En étant une mère à temps plein, j'aurais eu le sentiment de mener une vie partielle.* »

Après la régleuse, les enfants passent entre les mains de la nounou. Bien souvent, il y a la nounou de la semaine, puis la nounou du week-end. Je n'ai jamais vraiment été habituée à cela dans le milieu dans lequel j'ai grandi. Mais ça m'a forcément questionnée : à quoi bon avoir des enfants si c'est pour les confier aussi souvent ? Je ne suis pas sûre qu'ils soient plus malheureux que d'autres, mais je ne comprends pas qu'en tant que parent on laisse une personne tierce passer plus de temps que soi avec ses enfants. Ne se prive-t-on pas des moments de vie qui créent du lien et de la complicité et participent au développement de l'enfant ? Si j'avais eu des enfants, j'aurais été incapable de les élever de la sorte. Qu'ils se construisent davantage avec une nounou – aussi merveilleuse soit-elle – qu'avec moi. J'aurais eu le sentiment de passer à côté d'eux. De n'être qu'une mère à temps partiel. Mais en étant une mère à temps plein, j'aurais eu le sentiment de mener une vie partielle. Voilà une nouvelle raison qui explique mon choix de ne pas avoir d'enfant.

Cela dit, se décharger des contraintes est aussi un type d'organisation qu'on retrouve chez certains propriétaires de chien qui en ont les moyens : ils ont un *dog-sitter* qui s'occupe tous les jours de l'animal, pour qu'il revienne en fin de journée « épuisé » et qu'il n'ait donc plus besoin ni de jouer ni de faire de grande balade, ni de quelconques sollicitations. C'est déjà mieux et beaucoup plus responsable que de laisser son chien enfermé huit heures par jour. Mais je trouve ça triste. Comme pour les enfants : à quoi bon déléguer ce qui scelle et fait le sel de la relation entre deux êtres vivants ? Tout ce que je partage avec Colonel nous rapproche. On multiplie les occasions de vivre des aventures qui feront appel à notre complicité, notre solidarité, qui me permettront de lui prouver qu'il peut compter sur moi, ou de constater qu'il est capable de s'adapter à des situations surprenantes. Que la relation soit amoureuse, amicale, filiale ou interespèce, sa raison d'être n'est-elle pas le partage de moments de vie ? C'est bien cela qui fait qu'elle se crée, qu'elle est unique, qu'elle ne s'échange pas, qu'elle évolue et qu'elle fabrique des souvenirs qui n'appartiennent qu'aux deux protagonistes.

Avant mes 30 ans, la question de l'enfant ne s'est jamais invitée dans les trois ou quatre histoires d'amour qui ont pu compter pour moi. Je savais déjà en mon for intérieur que je n'en voulais pas, mais je n'ai jamais eu besoin de défendre mon point de vue face à un amoureux ou même à l'exprimer à cette époque-là. Il faut dire que nous étions encore jeunes et insouciants, pas très concernés par le concept de « famille ». De ce que j'en sais cependant, tous ces amoureux n'ont pas échappé à la règle et ont eu plusieurs enfants dans les années qui ont suivi... L'un d'eux aurait-il fini par réussir à me convaincre ? Rien n'est moins sûr...

« Ne serais-je qu'une amatrice de l'amour ? »

Puis j'ai rencontré celui qui deviendrait mon futur mari, de quinze ans mon aîné et avec une vie déjà bien remplie. Je me souviens d'une discussion que nous avons eue au cours des premiers mois, lorsque notre complicité allait crescendo. Lorsque chaque vibration de téléphone te rend fébrile. Face à une jeune trentenaire sans enfant, il s'attendait sûrement à être un jour confronté à mon désir de devenir maman. Il me demandait juste de ne pas nous précipiter, afin que nous puissions profiter de cette liberté et de cette vie à deux que nous commencions seulement à goûter. Alors j'ai fait mon coming-out et je l'ai mis à l'aise : je ne voulais pas d'enfant. Ni aujourd'hui ni demain. Jamais. Si c'était déjà un chemin de vie bien entamé auparavant, j'aimais tellement cet homme que rien ne devait s'immiscer entre nous. Il me suffisait et je voulais lui suffire. Notre amour serait fort et éternel ! À défaut de bercer un enfant, je me plaisais à me bercer d'illusions. De plus, il était déjà lui-même père de trois enfants. Pour nous donner toutes les chances que notre histoire dure, je voulais lui proposer un schéma différent de ce qu'il avait connu jusqu'alors, puisque je ne chercherais pas à avoir un enfant de lui. Je ne deviendrais jamais une mère à ses yeux, je resterais son amante et sa femme. Je voulais me consacrer entièrement à lui et à notre histoire. C'est ma façon d'aimer. Je me souviens d'ailleurs lui avoir fait cette confidence étonnante : « Mais tu sais, même un chien je n'en veux pas. Je veux juste être avec toi. Le jour où je prendrai un chien, inquiète-toi, c'est que je serai sur le chemin du désamour. »

Finalement, mon non-désir d'enfant a été un vrai soulagement pour lui, qui était déjà comblé en tant que père, mais il a eu la délicatesse de ne pas me le montrer lors de nos débuts. Peut-être n'y croyait-il pas trop ? Une femme de 30 ans le libérant de cette projection qui a priori ne lui réussit pas vraiment, c'est tout de même assez rare. Il s'est peut-être dit que c'était une posture pour l'attirer dans mes filets. Et, sournoisement, le mettre quelques années plus tard au pied du mur : « J'ai envie d'un enfant. » Ou alors carrément dans le mur : « J'ai eu un accident de pilule, je suis enceinte. » Ça, ce n'est vraiment pas fair-play, mesdames ! Pourtant ça existe. J'ai un exemple dans mon entourage de « bébé dans le dos ». Un quatrième enfant pour ce papa qui a eu du mal à avaler la pilule, lui aussi. Aujourd'hui, il aime et s'occupe parfaitement de son petit dernier, mais il a mis du temps. À accepter, à pardonner. Et même si un enfant se conçoit à deux, 50/50, non, je suis désolée, cet homme n'est pas responsable d'avoir fait confiance à sa compagne de l'époque. Elle était soi-disant sous contraceptif et lui assurait qu'il n'y aurait pas de problème. Bien sûr, il existe d'autres moyens de contraception : le préservatif lui aurait permis de maîtriser le point d'arrivée de sa semence et de ne prendre aucun risque. Mais quand on est en couple et qu'on passe un accord tacite avec son chéri sur ce sujet aussi impliquant, on ne le rompt pas. Je comprends donc la méfiance qui a pu traverser l'esprit de celui qui deviendrait mon mari. Et de tous les hommes.

À l'heure où j'écris ces lignes, nous avons divorcé et je fréquente un homme par intermittence depuis quelques mois, mais nous ne sommes pas ensemble. Lui aussi est déjà père de trois enfants. Nous faisons l'amour follement et assez inconsciemment. Très logiquement, cet homme a voulu s'assurer qu'il n'y aurait pas l'apparition d'un petit polichinelle dans les mois à venir. Comment faire confiance à une femme de 40 ans qu'on ne connaît pas encore très bien et qui affirme qu'elle ne s'aventurera pas sur le terrain de la maternité ? J'ai eu un argument de taille, imparable : mon livre. Au moins jusqu'à la promotion pour sa sortie, j'éviterai de brouiller le message. Ça décrédibiliserait tout de même le propos d'arriver enceinte à une interview. Cela me fait penser à ce couple de garçons qui se sont rencontrés dans l'émission télévisée « L'amour est dans le pré », Mathieu et Alexandre. Ils n'y sont pas allés avec le dos de la cuiller sur les réseaux sociaux dans la démonstration de leur amour et ont écrit à quatre mains le livre *Aimons-nous : ou comment deux hommes que tout opposait vivent la plus belle des aventures*[1]. Sortie en librairie : septembre 2022. Quelques jours avant, ils annonçaient, toujours sur les réseaux sociaux, qu'ils s'étaient séparés et feraient donc la promotion de l'ouvrage séparément. L'édition, c'est une prise de risque parfois ! Avec une pointe d'humour, j'ai même proposé aux éditions Albin Michel de rédiger une clause contractuelle : « Moi, Hélène Gateau, autrice de ce livre, je m'engage à ne pas faire d'enfant d'ici sa parution. » Quand mon amant a eu connaissance de mon travail d'écriture en cours, il ne m'a plus jamais envoyé de message inquiet : « Ça va, tu n'es pas enceinte ? » Question somme toute légitime étant donné que je ne prends aucun moyen de contraception. Je n'ai ni

---

1. Mathieu et Alexandre, *Aimons-nous : ou comment deux hommes que tout opposait vivent la plus belle des aventures*, auto-édition, 2022.

envie de prendre des hormones (vingt ans de pilule, c'est suffisant !), ni envie qu'on me pose un stérilet pour nullipare. Inconscient ? Risqué ? Étonnamment, j'ai la sensation que je suis stérile. Que mon corps ne me ferait pas cette entourloupe. Et si par malheur il me fait mentir, je n'aurais aucune hésitation et aucune difficulté à me faire avorter.

Je comprends donc que certains hommes ne soient pas complètement sereins face à une femme qui a le pouvoir de changer leur vie. Mais pour en revenir à mon ex-mari, je pense qu'il a aussi pu craindre, à l'inverse, que je me sois interdit le rêve d'avoir un enfant pour ne pas le perdre. Il aurait mal vécu que je regrette ce choix par la suite, quand il aurait été trop tard pour moi d'en avoir. Il était hors de question pour lui de me priver de cela. Mais il ne m'a jamais influencée. Précision très importante car beaucoup de personnes autour de moi sont convaincues qu'il m'a imposé de ne pas avoir d'enfant. Jamais. C'est moi qui ai désamorcé cette éventualité dès le début. Ce n'est que plus tard, quand il a bien compris que ce n'étaient pas des paroles en l'air mais vraiment mon choix de vie, qu'il m'a avoué qu'il ne serait pas resté avec moi, malgré notre amour, si j'avais voulu devenir maman.

En revanche, je suis devenue belle-mère. D'une fratrie de trois. C'était la première fois que je partageais la vie d'un homme qui avait des enfants. Alors, quelle belle-mère ai-je été ? Pas très impliquée. Il faut dire que mon mari m'avait mise à l'aise sur ce sujet dès nos débuts. Il me répétait : « Je ne recherche pas une maman, une cuisinière ou une femme de ménage, mais une femme. » Ou encore : « Je ne peux pas t'imposer de t'occuper de mes enfants alors que tu n'en veux pas. » Alors je n'ai jamais eu à m'occuper d'eux ou à me transformer en GO[1] le week-end. Dois-je préciser que je n'ai jamais été méchante ou désagréable avec les enfants ? Je n'étais pas une marâtre. Au quotidien, je donnais le change mais je ne m'investissais pas plus que ça. Et puis, les deux plus petits étaient des garçons, je ne m'y retrouvais pas. Aujourd'hui je regrette de ne pas avoir fait plus pour ces enfants. J'aurais pu grandir avec eux. Ils avaient des choses à m'apprendre sur la vie, à leur façon, et je n'ai pas poussé cette porte. Je n'ai pensé qu'à moi et à mon couple.

Et j'ai été couvée par cet homme. Et quand on est couvé, on ne couve pas soi-même. Si un instinct maternel avait tenté une petite incursion entre 30 et 40 ans, il aurait été tué dans l'œuf. Mais toute cette organisation participait de l'équilibre de notre couple. Nous nous sommes aimés d'une manière assez fusionnelle et très centrée sur nous-mêmes. Et cela convenait très bien à l'amoureuse exclusive que j'étais. Exclusive au point que je n'ai jamais voulu intégrer la notion de famille, je crois même que je n'ai jamais employé ce mot de « famille ». Je n'y arrivais pas. Et je n'aimais pas le statut que ça me donnait : presque celui d'une mère que je refusais de devenir. Je crois que je ne savais pas quelle était vraiment ma place entre ce monde des adultes et ce monde des enfants. Aujourd'hui, à 42 ans, j'ai gagné en maturité,

---

[1]. GO : gentil organisateur.

heureusement. Si je partageais ma vie avec un homme et ses enfants, je serais beaucoup plus disponible pour eux et je leur ferais la place qu'ils méritent et qui ne se discute même pas. Car j'ai compris que cela ne remettait pas en question mon non-désir de maternité.

« *Lorsque je me suis décidée à prendre un chien, je savais.* »

L'histoire avec mon mari aura duré presque dix ans. Quant à Colonel, il est arrivé dans notre vie en mars 2019. Nous nous sommes séparés en mai 2020. Oui, nous rentrons dans ces statistiques d'explosion du nombre de ruptures à la suite du premier confinement. Je crois que mon ex-mari n'avait pas prêté attention au message prophétique que je lui avais formulé au début de notre relation. Moi je m'en souvenais. Lorsque je me suis décidée à prendre un chien, je savais. Je savais que notre histoire, assez cahotique sur la fin, était foutue et que tout n'était plus qu'une question de mois. J'avais besoin de retrouver un socle avant que tout n'explose. Une valeur sûre d'amour et une présence indéfectible qui allaient s'incarner dans mon chien. La présence de Colonel m'a aidée à surmonter l'épreuve de la séparation. Grâce à lui, la transition entre une vie à deux et une vie de célibataire a pu se faire de manière sûrement moins violente.

Au moment de notre séparation, même si mon mari avait toujours été très affectueux avec Colonel et qu'il l'appelait aussi « mon fils poilu », la question de la garde du chien ne s'est jamais posée. Il n'a pas non plus revendiqué de droit de visite. Et moi, je n'ai pas touché de pension alimentaire pour en assumer la garde totale. De ce point de vue, il aurait mieux valu que je lui donne un vrai enfant. Un jour, une copine m'a dit avec beaucoup de cynisme – et j'espère d'humour : « Tu aurais dû faire un enfant avec lui, ç'aurait été ton assurance-vie ! »

6

Sur le divan

Être une femme et ne pas vouloir d'enfant est suspect. Il faut se justifier et en permanence dresser un argumentaire construit. Le « ce n'est pas pour moi » ne suffit jamais. Le « vous ne me donnez pas envie » est un terrain glissant et rompt généralement tout dialogue. Et malgré les raisons que j'expose, qui m'appartiennent, je sens bien que mes interlocuteurs imaginent silencieusement une infertilité mal vécue, des opportunités ratées dans mes relations de couple, ou même un traumatisme lié à l'enfance. Pourquoi ce choix inquiète-t-il tant les autres ? Parce qu'on sort de la « normalité » ? Parce qu'on ose ce qu'ils n'ont pas osé faire ? Il m'est arrivé de me retrouver sur le canapé d'un psy, mais c'était plutôt pour pleurer sur mes histoires d'amour que pour creuser ce non-désir de maternité et en chercher la cause dans mes jeunes années. Car j'ai eu une enfance somme toute assez normale. Je n'ai été ni maltraitée, ni abusée, ni mal-aimée, bien au contraire. Mes parents ne se sont pas séparés après ma naissance et sont restés plutôt unis dans le rôle qui leur revenait. Je n'ai pas fait exploser leur couple, et mes sœurs non plus. Peut-être pourrais-je regretter une trop grande pudeur dans l'expression des sentiments. On a peu dit « je t'aime » chez moi. J'ai découvert ensuite, avec une surprise proche du malaise, que ça se faisait dans certaines familles. Ponctuer chaque appel téléphonique entre parent et enfant ou chaque séparation physique par un « je t'aime » qui sonne aussi banalement qu'un au-revoir, très peu pour moi ! D'autant que concernant les familles au sein desquelles j'ai pu constater cet abus de langage, pardonnez-moi, je trouvais qu'on cherchait surtout à compenser un manque. De proximité, de complicité, de moments partagés. Mes parents nous ont aimées dans le temps qu'ils nous ont consacré, dans l'éducation et les valeurs qu'ils nous ont transmises, et tout en retenue. La pudeur des gens du Nord ! Les quelques fois où d'entre leurs lèvres les termes se sont échappés, où dans leurs mots j'ai pu lire « je t'aime », je m'en souviendrai toute ma vie. Comme l'aurait dit Jean de La Fontaine, la rareté du fait donne le prix à la chose[1]. Malheureusement, c'est toujours apparu conjointement à une période douloureuse de ma vie puisque le « je t'aime » cherchait à apaiser et apporter du soutien à une jeune femme... en chagrin d'amour. Je ne leur en veux pas et le principal c'est de savoir au fond de moi que mes parents m'aiment et m'ont toujours aimée. J'espère qu'ils sont convaincus de la réciproque parce que, les

---

1. « La rareté du fait donnait prix à la chose », Jean de La Fontaine, « Le milan, le roi et le chasseur », *Fables de La Fontaine*, livre XII, 1694.

chiens ne faisant pas des chats, je n'ai pas la déclaration facile, et encore moins envers ma famille.

J'ai bien sûr eu l'occasion de discuter avec ma sœur aînée, Estelle, de notre enfance et de notre éducation. Car même si elle est aujourd'hui maman de deux petits gars, elle les a eus tardivement, le premier à 36 ans. Au début légèrement contrainte et forcée, ou plutôt poussée, par son compagnon. Car pendant longtemps, elle revendiquait, comme moi, et avant moi d'ailleurs, ne pas vouloir d'enfant. Le pire, c'est que je la jugeais. J'estimais (mais il faut arrêter de penser à la place des autres !) que toutes les conditions étaient réunies pour qu'elle devienne maman. C'est pourquoi quand deux sœurs, comme nous, élevées dans des circonstances si superposables, sont aussi peu concernées par le désir de maternité, il y a moyen de s'interroger sur la fertilité du terreau familial. À ce niveau-là, ce n'est plus un terreau mais une brande. Une raison qui nous paraît assez évidente, c'est que nous n'avons pas grandi avec beaucoup de bébés autour de nous. Je ne me souviens que d'un cousin, de neuf ans mon cadet, que j'ai vu poupon. C'est le seul bébé qu'il m'ait été donné de tenir dans mes bras lorsque j'étais enfant. Aucune autre occasion ne s'est présentée. Tout d'abord parce que notre famille élargie est assez rétrécie. Et puis, avec nos parents, nous vivions beaucoup entre nous. Ça ne débordait pas d'une vie sociale très riche et animée dans laquelle nous aurions pu multiplier les occasions de voir des bébés et de jeunes enfants. Je n'ai donc jamais appris ce qu'était un bébé : c'est un être vivant qui m'est resté étranger. Je ne me suis jamais connue avec cet élan attendri, voire mièvre, avec un bébé humain. Je vais même me risquer à un parallèle avec les chiens – ça ne sera pas le premier ni le dernier de ce livre : on parle beaucoup de l'importance de la socialisation du chien, intra- et interspécifique. Pour qu'un chien soit amical avec ses congénères, mâles et femelles, toutes races confondues, mais aussi avec d'autres espèces (chat, lapin, cheval…), qu'il ne prendra ni pour des proies ni pour des ennemis, il faut qu'il ait fait l'expérience de la rencontre, positive, lors de ses tout premiers mois de vie. Durant ce qu'on appelle la « période critique », qui conditionne ensuite en quelque sorte l'« ouverture d'esprit » du chien. Sa sociabilité. Sa tolérance aux autres. Et tous les humains ne se ressemblant pas, c'est important d'habituer son chien, toujours au cours de cette période, à voir des hommes, des femmes, des enfants, des personnes âgées, des personnes de couleur, d'autres se déplaçant en fauteuil roulant, portant un chapeau, un costume… afin qu'ils entrent dans son référentiel. Pour ma sœur et moi, le bébé n'a jamais fait partie de notre référentiel relationnel. Difficile de se projeter avec un être vivant qu'on ne connaît pas. C'est un peu la rencontre du troisième type, on ne s'y risque pas forcément. Tout cela ne reste qu'une supposition. Mais qui vient s'ajouter à d'autres que j'ai pu identifier dans mon histoire familiale.

« Être une femme et ne pas vouloir d'enfant est suspect. »

Par exemple, j'ai été une enfant aimée et désirée, mais j'aurais dû m'appeler Jérôme. Autant certains prénoms laissent planer le doute – les fameux prénoms épicènes : Camille, Morgan ou même Stéphane –, autant Jérôme est assez genré ! Il n'y a pas eu de sexage au cours de la grossesse de ma mère et comme la place de l'aînée avait été attribuée à ma grande sœur Estelle, je pense que mes parents auraient bien aimé bénéficier d'un tirage au sort favorable leur offrant le choix de la reine (c'est le choix du roi, mais dans l'ordre inverse). Pas de chance, je suis née sans rien entre les jambes. Alors peut-être ai-je cherché à rattraper cette déception à travers mon petit côté garçon manqué, pour que Jérôme ne leur manque pas trop, justement. J'ai porté les cheveux bien courts pendant toute mon enfance, j'enfourchais mon premier vélo en rêvant d'être Jeannie Longo et, ma première raquette de tennis entre les mains, j'étais plutôt du côté d'Amélie Mauresmo que de Mary Pierce. À l'époque, les jouets et les activités pour enfants étaient très genrés ; j'avais bien des Barbie que j'adorais et une poupée que je maternais (comme quoi, cela ne présagerait pas forcément de la suite), mais je commandais aussi pour Noël un circuit automobile ou une voiture téléguidée. Et dans les années 1980, ce n'était pas commun pour une petite fille. Je voulais plaire à mon père. Jérôme, sors de ce corps ! À force de me répéter que j'aurais dû m'appeler Jérôme (c'est venu sur la table encore assez récemment au cours d'un repas familial), je n'ai peut-être pas été conditionnée comme une future mère. Voilà pour la deuxième piste possible concernant mon choix de vie.

Après moi, la fratrie s'est élargie avec l'arrivée de ma petite sœur, Lucile. Encore une fille, dites donc !

Et là, le sexe était connu avant qu'elle ne fasse partie de la famille. Car nous la connaissions déjà, cette petite sœur. Originellement, Lucile était ma cousine. Nos mamans étaient sœurs. Mais peu de familles sont épargnées par les drames de la vie. Les parents de Lucile, mon oncle et ma tante, sont morts tragiquement dans un accident de la route en février 1989. La petite Fiat Panda ne les a pas sauvés lors de la collision avec un poids lourd. Je rentrais à pied de l'école primaire. Notre voisin guettait mon retour car il lui avait été demandé de s'occuper de moi le temps que mes parents reviennent de cette tragique soirée. Tout est assez flou ensuite dans mes souvenirs. Je ne me rappelle plus l'enchaînement exact des événements qui ont suivi. Toujours est-il que, rapidement, Lucile, qui allait avoir 4 ans en mai, est arrivée à la maison et a dormi sur un lit d'appoint à côté du mien la première nuit ; puis je lui ai laissé ma chambre, j'ai pris celle d'Estelle, qui elle-même s'est vu attribuer le bureau de mes parents. Dans un espace-temps que je ne maîtrise plus, mais nécessairement court au vu des circonstances, j'ai eu une petite sœur. Mes parents l'ont adoptée. Il est impossible d'imaginer un jour être confronté à ce genre de situation. On ne peut pas s'y préparer. Mais on y fait face avec dignité et générosité de cœur. C'est ce qu'ont fait mon père et ma mère. Ils sont pudiques, les gens du Nord, mais ils sont pleins d'amour. Lucile est devenue leur troisième fille. Très récemment (presque trente-cinq ans plus tard), je leur ai fait part de mon admiration pour leur geste et leur grandeur d'âme. Je suis fière de notre famille. Si Lucile n'avait pas été dans notre vie, elle nous aurait manqué. À son tour, elle est devenue une super maman, de deux magnifiques et adorables petites filles, Suzanne et Constance, et d'un petit dernier, Émile, qui est né alors que j'écrivais ce livre. Je suis allée faire sa connaissance quinze jours après sa naissance. À cette occasion, Lucile m'a bousculée : elle m'a demandé si je voulais bien être la marraine civile d'Émile. J'ai balbutié, je n'ai su que dire, elle me connaît pourtant ! Moi, marraine ? En suis-je seulement capable ? J'ai déjà refusé cette marque de confiance que m'a témoignée Julie, ma meilleure amie, à l'approche de la naissance de son premier enfant. Alors, j'ai pris quelques jours pour rassembler mes esprits, à la suite de cette demande un peu farfelue de ma petite sœur. Et j'ai décidé d'accepter. Pour elle, pour notre histoire familiale et pour, à un moment de ma vie, m'investir tout de même un peu plus auprès d'un enfant.

Voilà ce que j'aurais pu raconter si j'avais consulté un psy pour comprendre mon non-désir d'enfant. J'aurais dû m'appeler Jérôme et ma petite sœur est en fait ma cousine. Nous nous serions penchés sur ces questions : comment une petite fille de 8 ans (mon âge en 1989) intègre-t-elle dans son développement personnel, en tant que future femme et potentielle génitrice, l'arrivée d'une petite sœur pour laquelle il n'y a pas eu les neuf mois prérequis ? L'arrivée d'une petite sœur liée au décès des parents de celle-ci. L'arrivée d'une enfant au sein de notre famille dans des circonstances dramatiques quand cela doit être au contraire un bonheur pour tous. Je suis évidemment consciente que celle qui a le plus de mérite à avoir surmonté cette épreuve et à avoir réussi à construire sa vie à l'aune de ce drame, celle pour qui le mot « résilience » n'est pas galvaudé, c'est Lucile. Mais quelles ont pu être les répercussions sur moi ? Est-ce que mon image mentale de la maternité a pu être ébranlée par les conséquences de cet accident de la route ? Je ne me suis posé toutes ces questions que très récemment. Et je n'aurai jamais la réponse. En psychologie, on ne fait qu'émettre des hypothèses. Mais celle-ci tient debout.

7

Ambitions éducatives

On m'a souvent dit que j'aurais été une très bonne maman. Je suis une femme douce, impliquée, responsable, plutôt ancrée, et je pense être assez tournée vers l'autre. Et c'est Colonel qui en profite. Quel gâchis ! Tout cela pour un chien. Je suis persuadée que ces qualités maternelles sont un héritage familial. J'ai grandi dans un schéma tout ce qu'il y a de plus classique sur le papier, mais exceptionnel aujourd'hui. Trois filles à la maison, des parents mariés à l'âge de 20 ans, qui ont attendu une dizaine d'années avant de concevoir leur premier enfant, et qui ne se sont jamais quittés. Pas de divorce dans ma famille, pas de tromperie (à ma connaissance), des hauts et des bas sûrement mais qui ne se sont jamais répercutés sur nous, les enfants. Et surtout, nos parents se sont vraiment occupés de nous. Ils étaient tous deux enseignants et je ne dis pas cela pour alimenter le cliché « un prof ne bosse que 20 heures par semaine », car c'est totalement faux. Ils ne débordaient pas de temps libre. Je les ai toujours vus travailler énormément à la maison (préparer les cours, corriger les copies, remplir les bulletins…), en plus de leurs heures de cours et de présence au lycée. Mais c'est vrai que nous avions la chance de partager toutes les vacances scolaires. Et les loisirs, c'était en famille. Promenades en forêt, sorties à vélo, tennis, jeux de société, Lego, pâte à modeler… j'ai le souvenir qu'ils étaient là, avec nous. Ce n'est pas pour autant que mes sœurs et moi n'étions pas autonomes. Nous avons toujours appris à nous amuser seules. Nous profitions du grand jardin de notre maison dans ce petit village de Picardie, et c'était une époque où l'on pouvait jouer dans la rue avec les enfants des voisins en toute insouciance (ou tout du moins, c'est ce que je ressentais). Nous allions également une journée par semaine chez nos grands-parents. Et les vacances se passaient en famille : direction la montagne au mois de février, et au bord de la mer en camping durant l'été, avec au programme de nombreuses activités. J'ai toujours eu le sentiment que la vie à la maison était organisée autour de nous. Nous étions à table tous ensemble, il n'y avait pas le temps des enfants et le temps des parents. Quand j'observe mes sœurs et leur famille respective, je retrouve vraiment cette organisation de vie. Avec sûrement un cadre éducatif un peu plus souple qu'il y a quarante ans. On est beaucoup plus à l'écoute aujourd'hui des besoins des enfants. On anticipe le moindre de leur désir. Je reconnais vraiment cela à mes sœurs : elles sont extrêmement engagées dans l'épanouissement et l'éducation de leurs enfants. Elles ont toujours tout mis en œuvre pour qu'ils soient très éveillés et riches d'expériences, d'aventures et de rencontres. Le sport, les livres, la musique, l'art, les jeux de société… mes neveux et nièces baignent dans un univers très stimulant. Pas de tablette et de jeu vidéo, ni chez l'une ni chez l'autre. C'est contre leurs principes d'éducation. Les dessins animés ? Peut-être une fois par semaine, sur un temps défini. Hors de question de faire appel à ces solutions de facilité pour se décharger de son rôle de parent, c'est du vingt-quatre heures sur vingt-quatre. Si j'avais été maman, j'aurais été comme cela. C'est certain. Je me serais consacrée corps et âme à cette mission d'éveil et d'apprentissage pour développer chez mes enfants leurs capacités physiques, cognitives et intellectuelles. Inenvisageable de déléguer cela à une tierce personne. Clairement, j'aurais tout fait pour que mes enfants soient vifs d'esprit, gentils, polis, cultivés, champions de tennis, fins gourmets, polyglottes et créatifs. Oui, rien que ça. Sacré challenge, très stimulant, mais qui aurait accaparé toute mon énergie, tout mon temps et m'aurait enfermée dans un rôle de maman, de préceptrice, d'animatrice de colo… aux dépens de la femme, de l'amoureuse, et de ma carrière.

Avec mon chien, j'ai également nourri de grandes ambitions et je me suis régalée (et je me régale toujours d'ailleurs) dans les apprentissages, sans que cela ne vienne amputer ma vie. Je me suis vraiment impliquée dans son éveil dès son arrivée à la maison afin de stimuler chez lui un maximum de connexions neuronales. Et je dois dire que je suis plutôt fière du boulot que l'on a fait ensemble. Tout d'abord, Colonel est un bon chien citoyen. Ensuite, quand on fait sa connaissance, on est toujours interpellé par son attitude, sa curiosité et son ultra-vigilance au monde qui l'entoure. Une ultra-vigilance qui ne cache absolument pas une quelconque anxiété mais qui est une vraie volonté de comprendre, de décrypter, à hauteur de chien, les informations qui lui parviennent. Et c'est avec toute l'objectivité d'une maman, quelle qu'elle soit, que je le constate. Il fait par exemple partie de ces chiens qui, lorsqu'on leur parle, inclinent leur tête à droite et à gauche afin de capter un maximum de mots ou de sonorités qui leur donneraient des indices. Il n'a pas encore été prouvé qu'il s'agissait bien d'un signe d'intelligence, mais pour ma part j'en suis convaincue. En tout cas, il y aurait a minima un lien entre le processus de mémorisation et l'inclination de la tête : plus un chien aurait appris de mots, plus il pencherait la tête au cours d'un « dialogue » avec son maître. D'ailleurs, saviez-vous qu'un chien est en moyenne capable d'acquérir un vocabulaire de 165 mots, équivalent à celui d'un enfant de 2 ans, 2 ans et demi ? Stanley Coren, un éminent chercheur en neuropsychologie, qui a énormément travaillé sur le chien, soutient depuis longtemps que certaines des aptitudes intellectuelles de ce dernier se rapprochent de celles d'enfants jusqu'à l'âge de 2 ans et demi : la compréhension de mots, la capacité à compter ou encore à se repérer dans l'espace. Et une récente étude, datant de 2017[XIII], a analysé les performances de 552 chiens comparées à celles de 105 enfants de 24 mois, dans le cadre de tests et d'activités qui sollicitaient essentiellement l'intelligence sociale : il se trouve que ces performances sont très comparables. Non seulement les chiens possèdent une intelligence propre à leur espèce, mais en coévoluant avec l'homme, ils ont développé leurs capacités cognitives sociales, c'est-à-dire tous ces mécanismes qui permettent à un individu d'interagir avec un autre. Par exemple, ils ont intégré le principe du pointage. Un chien peut comprendre que lorsqu'on montre un objet du doigt, ce n'est pas le bout du doigt qui est intéressant mais bien l'objet désigné. Cette aptitude peut sembler basique, mais elle est en fait remarquable, surtout lorsque l'on sait que même les grands singes, prétendument plus proches de nous, ne réussissent pas aussi bien.

> « Avec mon chien, j'ai nourri de grandes ambitions. »

À ce stade, on pourrait me rétorquer que les échanges avec un chien resteront donc limités et pas très enrichissants pour moi. Il ne dépassera jamais l'âge mental d'un enfant de 2 ans et demi, ne fera jamais Harvard, et j'en suis bien consciente. Cela me permet d'ailleurs d'être assez détendue et de ne pas passer des nuits blanches à m'angoisser par rapport à l'avenir de Colonel. Mais à vrai dire, je suis assez mal à l'aise avec les comparaisons des intelligences animales. Même entre un chien et un chat, il n'y a aucune comparaison possible. Les aptitudes et l'*Umwelt*[1] (l'idée que chacun possède sa propre perception du

---

1. *Umwelt* (terme allemand) qu'on pourrait traduire par « monde propre » : concept développé par le biologiste et philosophe allemand Jakob von Uexküll et par le sémioticien et linguiste américain Thomas A. Sebeok.

monde en fonction de sa sensorialité) sont tellement différents d'une espèce voire d'un individu à l'autre. Heureusement que je n'attends pas de Colonel une intelligence humaine. Mais ce qui m'enrichit, c'est au contraire d'observer et de m'adapter aux capacités cognitives de mon chien pour toujours chercher à le nourrir et l'épanouir. On le sait, les chiens sont des êtres macrosmiques, c'est-à-dire qu'ils vivent dans un monde d'odeurs. Je m'attelle à le stimuler en ce sens, comme un enfant qu'on inciterait à faire des dessins et du coloriage plutôt que de le coller devant un écran. Je lui organise des petits parcours olfactifs à la maison avec ses croquettes, je change souvent mes itinéraires de balades pour lui apporter de la nouveauté, ou encore je le laisse choisir l'itinéraire justement, en fonction de là où son odorat et son envie le guident.

Généralement, il m'emmène d'abord dans le *petshop*[1] à quinze minutes à pied de la maison. Là, je lui achète systématiquement un paquet de friandises ou un petit jouet. Puis, étonnamment, le parcours se poursuit par une halte à la cave et bar à vins où j'ai mes petites habitudes avec mes amis. C'est extrêmement gênant d'être trahie ainsi par son chien : il n'est même pas encore midi, un jour de semaine, et il freine des quatre fers devant la boutique et n'avancera plus tant que nous n'y serons pas entrés. « Allez, maman, viens boire ton petit verre de vin ! », pourrait-on interpréter. Tous les parents connaissent ces moments de solitude où la parole de l'enfant,

---

1. *Petshop* (terme anglais) : animalerie.

libérée et insouciante, peut devenir extrêmement gênante. Eh bien, sachez maintenant qu'un chien aussi peut mettre à l'affiche ! Je ne sais pas quelle est la motivation première de Colonel pour venir jusqu'ici ; j'hésite entre deux options. Soit c'est le petit toast de rillettes auquel il a droit de temps en temps, soit c'est le jeune apprenti, Maxime, qui a du mal à se souvenir de son nom et qui tente toujours « Charlemagne » ou « Charles de Gaulle ». C'est tout de même plus à propos que ceux qui hésitent avec « Caporal ».

Oui, je suis fière de mon chien ! J'aurais clairement été de ces mères qui vantent les exploits et les réussites de leurs enfants à coups de vidéos de skate park, de chorale ou de photos de bulletins scolaires, que l'on exhibe lors d'un dîner entre amis ou sur les groupes WhatsApp « Les filles du 7e » ou « Famille chérie ». J'aurais été agaçante. Avec Colonel, j'arrive à assouvir ce besoin de reconnaissance et de démonstration grâce aux réseaux sociaux. Instagram est la vitrine de ses exploits et performances. Mon public d'abonnés est conquis et en redemande. Bien sûr, j'y mets beaucoup de second degré et une pointe d'humour, mais j'admets que tout cela nourrit aussi mon orgueil. Colonel et les rapports de force (toujours à son avantage) qu'il entretient avec ses congénères ; Colonel et ses jouets aux sonorités toutes différentes qu'il alterne tel un fin mélomane ; Colonel qui marche sans laisse dans la rue et se fige, avant de traverser sur un passage piéton, avec un simple « Stop ! » de ma part ; Colonel, fier et droit dans son panier sans grillage sur le porte-bagage de mon vélo, nous traversons ainsi Paris devant des visages amusés et au rythme des « *So cute !* » et des « Oh, regarde le chien ! » ; Colonel et son jeu que j'appelle « la catapulte » : il dépose sa balle sur son coussin, il prend ce dernier dans la gueule et le secoue, ce qui projette la balle dans l'appartement (et lui permet donc de jouer seul). Je suis vraiment en admiration devant cette astuce qu'il a inventée lui-même : c'est clairement l'utilisation et le maniement d'un outil à des fins, non pas alimentaires, mais ludiques.

« Oui, je suis fière de mon chien ! »

Autant sur Instagram que sur Facebook, Colonel a ses fans. Si je l'emmène sur un plateau de télévision (je chroniquais dans « Vivement dimanche » et je suis invitée à « Télématin »), nous ne pouvons plus sortir en toute discrétion. Il nous est arrivé à plusieurs reprises d'être accostés, sur le quai d'une gare ou dans la rue, et qu'on me demande : « Mais ce ne serait pas Colonel ? » Je ne sais pas dans quelle mesure ma présence y est pour quelque chose, mais mon orgueil de *dogmom*[1] est comblé. Je reçois aussi des messages privés sur les réseaux sociaux : « Ce matin, je vous ai croisés, Colonel et vous, au bois de Boulogne, mais je n'ai pas osé venir vous parler et le caresser » ; ou encore : « J'adore suivre les aventures de Colonel, il est tellement attachant ! » Dernièrement, un voisin m'a rapporté une situation ubuesque : il était en train

---

1. *Dogmom* ou *dogmum* (termes anglais) : personne qui se sent comme une maman pour son chien.

d'entrer dans l'immeuble, et une dame s'évertuait à tirer sur la laisse de son chien qui voulait franchir la porte également : « C'est parce que c'est ici qu'habite Colonel ! » a-t-elle expliqué à mon voisin. Je ne connaissais pourtant ni cette dame ni ce chien. Oui, Colonel est une petite célébrité. J'essaie cependant de le préserver du star-system pour que ça ne lui monte pas à la tête. On sait les dégâts que ça peut engendrer sur de très jeunes enfants exposés sans garde-fou.

8

Parents, vraiment ?

Même si mon choix de vie assumé « pas d'enfant mais un chien » me donne, et ce n'est pas pour me déplaire, un petit côté singulier, c'est toujours rassurant de pouvoir s'identifier à d'autres personnes qui vous ressemblent. Pour pouvoir échanger, partager ses expériences, se donner des conseils, avoir une écoute compréhensive et dépourvue de jugement. Bref, ne pas se sentir seule ou ne pas être considérée comme la farfelue du groupe. Par chance, dans mon cercle d'amis proches, il y a Margot. Nous avons quasiment le même âge, nous habitons Rive gauche, non loin l'une de l'autre, et nous avons eu nos chiens respectifs à quelques mois d'intervalle. Colonel et Ouzo ont grandi ensemble et cette proximité a donné naissance à une belle amitié, à l'image de celle de leurs maîtresses. Oui, les chiens nouent des amitiés. Ce n'est que depuis une dizaine d'années, donc très récemment, que l'on s'intéresse à ce sujet. C'est admettre que les animaux sont des êtres de plaisir, ne cherchant pas uniquement à coopérer pour survivre ou se reproduire. J'ai eu l'occasion de demander à mon confrère et ami Claude Béata, spécialiste en médecine du comportement, comment pourrait se définir l'amitié chez les chiens. Pour lui, c'est une relation entre deux individus, durable, stable et symétrique (à la différence de l'amour, parfois à sens unique), et qui, comme il s'est amusé à me le dire, rend la vie plus jolie. Et clairement, lorsqu'on observe les retrouvailles entre Colonel et Ouzo, ou encore entre Colonel et un autre de ses meilleurs amis, Oslo, les signes de joie et de plaisir sont manifestes. Ils se reconnaissent de loin (on les conditionne souvent au préalable : « Tu vas voir Ouzo ! »), ils courent l'un vers l'autre et ne passent pas par le stade du « je te renifle les fesses ». Non, ils se sautent dans les pattes et démarrent une séance de jeu ou partent explorer ensemble (Colonel en tête), le lieu où ils se trouvent. Margot et moi nous organisons assez régulièrement pour nous retrouver au bois de Boulogne ou au parc de Saint-Cloud et offrir ainsi à nos chiens un bon moment. Un peu comme de jeunes mamans se donneraient rendez-vous au square avec leurs enfants. C'est l'occasion pour les petits d'avoir des camarades, et pour les mamans de s'enthousiasmer à tour de rôle sur les dernières facéties. Margot et moi faisons pareil. Nous sommes toutes les deux des quadras *childfree* mais avec un chien, et Colonel et Ouzo alimentent une bonne partie de nos conversations. Et tout cela de façon très libérée, sans avoir le sentiment d'en faire trop parce que ce ne sont que des chiens. Les sujets de conversation sont d'ailleurs très similaires à ceux des parents : alimentation, transit, bêtises, nuits, élans d'affection… Une extraction de nos discussions hors contexte sèmerait le doute chez tout auditeur. Pour Margot aussi, cela découle d'un choix de vie. Elle n'a jamais voulu d'enfant mais a eu besoin, à un moment de sa vie, de se sentir à la fois responsable de quelqu'un et accompagnée.

Mais sommes-nous, Margot et moi, des cas isolés ? Il n'y a encore jamais eu d'enquête pour savoir quelle proportion d'hommes et de femmes en France préférerait avoir un chien plutôt qu'un enfant. Je serais donc bien en peine de donner des chiffres fiables. Mon choix de vie reste sûrement marginal, mais je suis convaincue que c'est une tendance naissante et grandissante, même si elle ne s'affiche peut-être pas aussi ouvertement et vigoureusement que je le fais. Elle ne passe cependant pas inaperçue pour tout le monde. Preuve en est, cela a même de quoi inquiéter le pape François. Lors de son audience hebdomadaire du 5 janvier 2022 au Vatican, il a déclaré : « Et beaucoup de couples n'ont pas d'enfants parce qu'ils ne le veulent pas. Ou ils n'en ont qu'un seul parce qu'ils n'en veulent plus, mais ils ont deux chiens, deux chats... Oui, les chiens et les chats prennent la place des enfants. Oui, c'est drôle, je comprends, mais c'est la réalité. Et ce déni de la paternité et de la maternité nous rabaisse, nous enlève notre humanité. Ainsi, la civilisation devient plus vieille et sans humanité [...]. Et la patrie souffre[1]. » Très honnêtement, quand je vois que la population humaine est passée d'un peu plus de deux milliards d'individus

---

1. Pape François, audience générale, www.vaticannews.va, 5 janvier 2022.

en 1941 à huit milliards en 2022, je n'ai pas le sentiment que l'humanité soit sur le déclin. Tout au moins en termes de démographie. Et si péril en la demeure il y a, je doute que cela vienne des schémas familiaux comme le mien.

« Mon choix de vie assumé me donne un petit côté singulier. »

Alors, notre cher pape François serait-il à la pointe de la tendance ? Ce qui met tout le monde d'accord, c'est tout d'abord que le chien est considéré comme un membre de la famille à part entière. C'est en effet le sentiment de 85 % des Français ; ce chiffre monte à 94 % pour les possesseurs de chiens d'après la dernière enquête, « Le chien et les Français », menée par la Centrale canine en novembre 2021. Mais derrière cet effet d'annonce, que signifie véritablement « un membre de la famille à part entière » ? C'est sûrement celui pour lequel on assure plus que la simple subsistance, qui serait uniquement de le nourrir et lui prodiguer les soins de base. Aujourd'hui, le chien entre dans nos maisons et nos appartements ; on s'enquiert de la qualité de son alimentation, on prend en charge les pathologies lourdes ou chroniques, on souscrit à une assurance-santé, on le fait toiletter ; on achète des jouets pour son amusement, des *puzzle-feeders*[1] pour son épanouissement, des paniers moelleux pour son confort ; on autorise sa présence

---

1. *Puzzle-feeder* (terme anglais) : sorte de gamelle-jouet pour nourrir son animal tout en le stimulant.

sur le canapé, on l'emmène en vacances ou on trouve une solution de garde... De nouveaux débats, inenvisageables il y a quelques années, voient le jour, prouvant bien que l'on commence à prendre au sérieux la place de l'animal dans nos vies. Ainsi, fin 2022, le député LR Alexandre Vincendet a déposé une proposition de loi visant à autoriser la possibilité de se faire inhumer avec l'urne ou les cendres de son animal disparu. Réaction de la députée Renaissance Violette Spillebout : « Formaliser l'attachement à son animal de compagnie par une loi comme celle-ci me semble cohérent[1]. »

Mais je crois que la plus belle représentation du chien comme membre de la famille, c'est Jean-Louis Aubert qui me l'a donnée, lorsque j'ai eu la chance de passer une belle soirée entre amis à laquelle il assistait également. En plus d'être un musicien et un chanteur hors pair, Jean-Louis Aubert est un amoureux des chiens, il en a toujours eu. Modèle berger allemand essentiellement. Et ce soir-là, il m'a dit cette phrase magnifique : « Toutes les mains d'une famille se rencontrent sur le dos d'un chien. » Oui, le chien fait trait d'union : il favorise les interactions, la cohésion et la communication au sein de la famille. Il participe aussi sûrement à la construction de l'image de « la famille idéale » : les parents, les enfants, le chien, la maison confortable et la belle voiture. C'est d'ailleurs toujours au sein des structures

---

1. Olivier Beaumont, « Se faire enterrer avec son animal de compagnie ? Une proposition de loi vient d'être déposée », www.leparisien.fr, 30 novembre 2022.

familiales « classiques » (parents avec enfants) que le taux de possession d'un chien est le plus élevé. Mais a priori, ce n'est pas dans la configuration « famille avec enfants » que l'animal a le plus d'importance. Déjà, dans les années 1980, plusieurs études[XIV] avaient mis en évidence que l'attachement à l'animal de compagnie et la tendance à son anthropomorphisation étaient plus forts chez les célibataires, les veuf(ve)s et les couples sans descendance, qu'au sein des « familles avec enfants ». Et que, quand il n'y avait pas d'enfant dans un foyer, les interactions entre humain et animal étaient plus fréquentes, plus riches, plus profondes. Donc l'animal est en quelque sorte une variable d'ajustement de la famille, ce qui semble assez logique. Aujourd'hui, plus de trois décennies après ces premières constatations, quel est le profil de ceux qui se revendiquent, comme moi, *petparents*, ce terme étant assez récent ? C'est essentiellement aux États-Unis que la recherche académique explore le plus ce lien si particulier qui existe entre l'homme et l'animal de compagnie et cette notion de *petparenting*. Nicole Owens et Liz Grauerholz, deux sociologues américaines, ont mené en 2019 des interviews auprès de propriétaires de chien ou de chat. Point commun à tous : ils considèrent leur animal comme un membre de la famille[XV]. Mais quels sont les profils familiaux ou individuels qui iraient plus loin encore et qui se définiraient comme des *petparents* ? Il en ressort à nouveau que la structure familiale humaine initiale conditionne la façon dont on perçoit notre rapport à l'animal. Dans les familles avec de jeunes enfants, on fait bien le distinguo entre les enfants et l'animal. On évite même de comparer les deux, tant les différences perçues sont grandes et peut-être aussi parce que, dans notre société occidentale qui accorde une importance suprême à l'enfant, il serait malvenu, pour de jeunes parents, de s'aventurer sur ce terrain. Dans les familles où les enfants sont plus grands (lycéens ou plus âgés), les parents semblent libérés de l'éventuelle pression sociale et trouvent plus volontiers de nombreux points communs entre la façon dont on materne un animal et le souvenir qu'ils en ont avec leur enfant. À deux différences majeures près : la relation est plus fiable et il y a plus de gratifications... avec un animal qu'avec un enfant. Et ce n'est pas moi qui ai commandité cette enquête ! En revanche, l'importance que revêt un animal dans ce type de configuration familiale ne m'étonne pas. Car lorsque les enfants sont grands et qu'ils quittent le foyer, les parents peuvent ressentir ce qu'on nomme le « syndrome du nid vide ». Ils se retrouvent attristés, voire désemparés, face au manque créé par le départ des enfants, et la dynamique du foyer est à réinventer. Surtout pour les deux partenaires d'un couple qui ne s'étaient pas retrouvés seuls, l'un en face de l'autre, depuis deux décennies ! C'est donc assez naturellement qu'on reporte son amour et l'exercice de son rôle parental sur le chien qui fait déjà partie du foyer ou sur un nouveau compagnon qu'on adopte pour retrouver rapidement un schéma de triangulation rassurant. Un autre cas de figure ne ressort pas de cette enquête, pourtant j'en ai déjà fait le constat : il s'agit de ces couples formés sur le tard, parfois des remariages, où chacun des deux partenaires a déjà des enfants et où l'âge critique pour se lancer dans une nouvelle maternité est dépassé pour madame. Il n'est pas rare de construire alors sa nouvelle famille en adoptant un animal qui sera le projet familial commun des deux partenaires.

Bien sûr, d'après l'enquête menée par Owens et Grauerholz, le phénomène du *petparenting* s'exprime surtout chez les personnes ou au sein des couples qui ne veulent pas ou n'ont pas encore de descendance. La façon dont ils parlent du lien qu'ils ont avec l'animal, de l'éducation qu'ils lui donnent, de la nouvelle organisation de vie que cela implique, de l'importance que l'animal a dans leur vie, se rapproche sans équivoque du récit de parents avec enfants. Et cela passe entre autres par l'utilisation de tout un vocabulaire qui permet de revendiquer l'identité familiale, aussi singulière soit-elle, aux yeux de la société. C'est appeler son chien « mon bébé », « mon fils/ma fille », c'est se nommer soi-même « maman » ou « papa ». Au-delà des mots, la façon dont on parle joue également. Quand je m'adresse à Colonel, oui, je gagatise. Comme si je communiquais avec un bébé : ça s'appelle le *baby-talk*[1]. Concrètement, ça se traduit par une voix qui monte dans les aigus, plus de modulations, un tempo haché, des phrases courtes, une syntaxe assez approximative et l'accent mis sur les voyelles. Le tout en exagérant l'émotion. On le fait tous, c'est instinctif quand on s'adresse à un être vivant non doué de langage. Aucune honte à cela ; même, il le faut. Le *baby-talk* véhicule des intentions

---

1. *Baby-talk* (anglais) : « le parler bébé ».

bienveillantes et de l'amour, ce qui crée un environnement sécurisant qui stimule l'éveil, la curiosité et favorise les apprentissages. Que ce soit avec un chien ou un enfant.

Avec tout cela, impossible dès lors de nier l'évidence : avoir un animal dans sa vie quand on est *childfree* ou *childless*, c'est une façon de vivre l'expérience de la parentalité, qu'on ne peut pas avoir ou dont on ne veut pas à travers un enfant. Alors oui, un chien peut être considéré comme le substitut d'un enfant. D'après Owens et Grauerholz, la construction de la notion de famille autour d'un animal de compagnie devrait donc être envisagée avec intérêt et, d'un point de vue sociologique, comme une alternative à la parentalité classique, comme le sont l'adoption, le recours à des méthodes de reproduction médicalement assistées... Au XXIe siècle, on a donc le choix d'endosser le rôle de parents de plusieurs manières, et avoir un animal est l'une d'entre elles. Cela permet, comme le suggère Dafna Shir-Vertesh (sociologue israélienne qui a également travaillé sur le sujet), « d'aimer et de se sentir aimé sans les difficultés liées au fait d'avoir un enfant[XVI] ».

Owens et Grauerholz soulignent aussi qu'être *pet-parent* n'est pas forcément une alternative immuable au fait d'avoir un enfant. Pour de jeunes adultes ou un jeune couple, avoir un animal peut être un coup d'essai avant de sauter dans le grand bain (bouillonnant) de la procréation. Une façon de prendre ses marques, de se faire la main. On se retrouve alors dans la configuration précédemment explorée « famille avec jeunes enfants ». On imagine aisément qu'il n'y a plus la même disponibilité pour s'occuper du chien ou du chat, et c'est une situation qui est à anticiper pour que l'animal n'en souffre pas. On a donc ce cas de figure des *childless* pour lesquels l'acquisition d'un animal est une sorte de répétition générale avant d'avoir un enfant.

Une autre sociologue américaine, Andrea Laurent-Simpson, chercheuse au sein d'une université texane, est allée plus loin encore pour essayer de comprendre le phénomène de *petparenting*[XVII]. Elle est partie du constat de deux grandes tendances apparues aux États-Unis ces trente dernières années. La première tendance est la chute du taux de fécondité, qui s'explique majoritairement par le développement de la contraception, l'éducation, la place de la femme dans la société et son besoin d'épanouissement autrement que dans un rôle de mère. La deuxième tendance est l'augmentation du nombre d'animaux de compagnie (la population de chiens aux États-Unis est passée de 34,2 à 54,4 millions[XVIII], et celle de chats de 27,3 à 42,9 millions entre 1987 et 2015[XIX]) et d'un lien homme-animal de plus en plus fort. Je suppose que vous voyez où je veux en venir, et ce que Andrea Laurent-Simpson a creusé : et si avoir un chien (ou un chat), et s'en occuper comme on le ferait d'un enfant, n'était pas une autre explication possible au fait de retarder – ou tout simplement d'abandonner – l'idée d'avoir un bébé ? En d'autres termes : les chiens et les chats sont-ils en partie responsables (en plus des raisons précédemment citées) d'une chute de la natalité aux États-Unis comme sûrement dans d'autres pays occidentaux ? Andrea

Laurent-Simpson a été la première, dans son enquête sur la base d'interviews menées en 2017, à oser proposer cette hypothèse. Bien que les recherches aux États-Unis pour objectiver le « non-désir d'enfant » aillent bon train, c'est une voie qui n'avait jamais été explorée. Notre sociologue disruptive s'est posé trois questions principales. La première étant : est-ce que le choix d'avoir un chien plutôt qu'un enfant s'impose naturellement à certaines personnes (comme moi je le revendique par exemple) ? D'après les interviews menées, ce n'est pas le cas dans la majorité des réponses. La plupart des femmes interrogées ne veulent pas ou n'ont pas encore d'enfants pour des convictions personnelles ou des raisons professionnelles. L'animal peut ensuite être traité « comme un enfant », mais ce n'était pas le rôle qu'on voulait lui faire endosser initialement. En revanche, tout de même un tiers des participantes assument avoir fait le choix délibéré de prendre un animal plutôt que de faire un bébé, soit parce qu'elles n'ont vraiment pas d'atomes crochus avec les enfants et que la relation construite avec un chien leur paraît bien plus satisfaisante, soit parce qu'elles ont un conjoint qui souhaite un enfant : l'animal vient alors occuper le terrain « en attendant » et cela permet à ces jeunes femmes d'avoir une bonne raison pour retarder la mise en route d'un bébé (en pointant du doigt l'exigence que cela demande déjà de bien s'occuper d'un animal, et qui n'est qu'un aperçu édulcoré de l'éducation d'un enfant). Dans ces deux cas, on voit quand même se dessiner, à travers la présence de l'animal, une remise en question du modèle occidental traditionnel (où mariage et construction d'une famille sans trop se poser de questions sont encore la norme) au profit d'une vie plus libre, où on peut faire le choix du modèle de couple et de famille qui nous convient. Et forcément, le taux de natalité en est indirectement impacté.

Le deuxième sujet soulevé par Andrea Laurent-Simpson s'intéresse davantage aux motivations : est-ce qu'on peut choisir d'avoir un chien plutôt qu'un enfant pas nécessairement par conviction profonde mais pour des raisons pragmatiques, en menant une sorte d'analyse avantages/ inconvénients (je me sens aussi personnellement concernée par cette approche très rationnelle) ? Et la réponse est clairement « oui ». L'animal de compagnie est une option plus intéressante qu'un enfant au regard des dépenses financières engagées, du temps qu'il faut y consacrer et de la relative simplicité des soins qu'il requiert. Mais ce n'est pas tout ! Pour les participantes à l'enquête, un animal versus un enfant, c'est aussi une garantie que les rôles soient plus équitablement répartis au sein du couple. Argument de taille quand on sait qu'aujourd'hui une des raisons pour lesquelles les femmes ne veulent pas d'enfant est la charge mentale et physique qui repose encore essentiellement sur leurs épaules. De plus, être et s'assumer *petparent* aux yeux des autres, c'est aussi une façon de se soustraire aux éventuelles injonctions de l'entourage à « faire un enfant ». Ou comment noyer le poisson avec un chien ou un chat ! Une fois débarrassées de la pression sociale, combien de femmes s'autorisent alors à retarder le moment où elles feront un enfant ? Là encore, on voit que le taux de natalité est indirectement impacté par la présence d'un animal dans un foyer.

Enfin, la troisième question que s'est posée la chercheuse est moins pragmatique et davantage de l'ordre de l'émotionnel, voire de l'inconscient : est-ce que s'occuper d'un animal peut venir combler l'instinct maternel (et donc, à nouveau, exercer une influence sur le choix ultérieur de concevoir un enfant) ? C'est une discussion que j'ai eue un jour avec Philippe Brenot, psychiatre et thérapeute de couple. Pour lui, toute femme, quelle qu'elle soit, même si le choix de ne pas devenir mère est assumé, a un enfant dans la tête. C'est pourquoi la relation métaphorique très vraie que l'on a avec un animal enlèverait une part de frustration et d'incomplétude que peut ressentir inconsciemment une femme sans enfant. Et effectivement, plus de la moitié des interviewées du Dr Laurent-Simpson confirment que s'occuper de leur animal, le nourrir, le protéger, le câliner, l'élever, le rassurer, est une forme d'exutoire à cette prédisposition biologique et socioculturelle que nous avons tous, à savoir « prendre soin » d'un être vivant. Le comportement nourricier fait partie de nous.

> « *En tant que dogmom,*
> *je ne suis qu'un fruit de l'évolution,*
> *et non une aberrance.* »

Owens, Grauerholz et Laurent-Simpson ont mené des recherches clairement avant-gardistes pour mieux comprendre la place que l'animal peut prendre dans la vie des humains. Leurs conclusions sont plutôt doublement rassurantes pour moi. Tout d'abord, je ne suis pas la seule à considérer mon chien comme l'enfant que je n'ai jamais voulu avoir. D'autre part, je ne me suis pas trompée en me lançant dans l'écriture de ce livre. Pourtant, au début de ce travail, j'avais contacté Éric Baratay, historien spécialiste de l'évolution des relations homme-animal, avec qui j'avais eu l'occasion de partager plusieurs fois le micro dans des émissions de radio, sur France Inter notamment. À l'exposition de ma thématique, il m'avait mise en garde : « Vous faites fausse route, l'animal comme substitut de l'enfant est une idée reçue qui n'a jamais été démontrée. » Certes, là où je le rejoins, c'est qu'au sein des familles avec enfants, où l'on trouve le plus d'animaux de compagnie, le chien (ou le chat) ne va pas devenir un enfant de substitution. Mais la version idyllique du foyer telle qu'on nous la présente depuis des siècles est clairement en train d'exploser, et très rapidement. On voit émerger de plus en plus de constructions familiales différentes ; les rôles sont redistribués et celui de « l'enfant » pourrait être porté aussi bien par un bébé humain que par un bébé animal. L'anthropologue Shelly Volsche étudie les relations homme-animal et, pour elle, l'émergence du *petparenting* s'explique par la nature même de l'être humain[xx]. Pour construire son propos, elle s'appuie sur une théorie évolutionniste[xxi] qui voit les humains comme des reproducteurs coopératifs. C'est-à-dire que, à la différence des grands singes chez qui la génitrice fait tout le boulot, chez nous prendre soin d'un petit peut être réparti entre les différents membres d'un groupe (père, mère, grands-parents, fratrie, oncles, tantes…). Cette coopération aurait été un élément clé de la survie et de l'expansion de l'espèce, ce n'est pas rien. Donc dans notre ADN est inscrite cette faculté à l'alloparentalité, qui est d'endosser le rôle de parent pour un enfant qui n'est pas le nôtre. Shelly Volsche dit ainsi : « Si l'alloparentalité a fait partie de l'évolution de l'espèce humaine, et que notre environnement rend aujourd'hui le fait d'avoir des enfants plus difficile ou moins attrayant pour certains, il est logique que l'on exprime cette facette de la parentalité vers les autres espèces qui entrent dans notre foyer. L'alloparentalité d'animaux de compagnie peut offrir un moyen de satisfaire ce besoin évolutif nourricier tout en réduisant l'investissement en temps, en argent et en énergie émotionnelle par rapport à l'éducation des enfants[XXII]. »

Et voilà qui vient finir de me conforter : en tant que *dogmom*, je ne suis qu'un fruit de l'évolution, et non une aberration.

En revanche, ça ne va pas arranger les inquiétudes du pape François : le *petparenting*, presque inscrit dans nos gènes, pourrait avoir des répercussions sur la natalité.

D'autres tendances observées au sein de la population canine mettent la puce à l'oreille sur l'évolution du rapport que l'homme entretient avec le chien. Un remake canin de *Chérie, j'ai rétréci les gosses*[1] s'observe sur tous les continents. Une étude australienne publiée en 2016 s'est intéressée à

---

1. *Chérie, j'ai rétréci les gosses* : comédie américaine de Joe Johnston, Walt Disney Pictures et Silver Screen Partners III, 1989.

l'évolution de la popularité des races de chiens sur une période de 28 ans (1986 à 2013) et a conclu à une réduction de la taille des chiens au fur et à mesure du temps[XXIII]. Les spitz, chihuahuas, yorkshire terriers, teckels nains, bouledogues français, carlins, jack russel terriers, cavaliers king-charles sont des races qui ont le vent en poupe. On miniaturise, on rapetisse, on crée des races « *toy* ». Et la place qu'ils prennent dans nos maisons et dans nos vies est souvent inversement proportionnelle à leur taille. Très facile, indiscutablement, de laisser une place sur le canapé à son teckel ! Ou de le faire monter sur le lit le soir venu. Tout de suite moins aisé avec un golden retriever. En termes d'encombrement, mais aussi, admettons-le, d'hygiène : le golden transporte avec lui plus de saletés, plus de poils, plus d'odeurs et plus de bave qu'un chien de petite race. Pour peu qu'on soit un peu maniaque ou qu'on partage sa vie et son lit avec quelqu'un d'autre que son chien, notre golden sera moins souvent toléré sur (ou sous) la couette. Plus facile aussi d'emmener un petit chien partout avec soi : dans la voiture ou les transports en commun, ou encore, comme je le fais avec Colonel, dans un panier fixé à l'arrière de mon vélo de ville. D'autres petits chiens ne touchent jamais terre et sont portés dans les bras à longueur de temps, mais ça, c'est une autre histoire que nous aurons le temps de développer. Toujours est-il que le « format cabine » du petit chien permet de partager beaucoup plus d'activités, de loisirs et de moments de la vie quotidienne qu'avec un grand chien. Colonel est de presque toutes mes sorties : shopping, cafés, restaurants ou invitations chez des amis. D'ailleurs, il est toujours très heureux aussi « d'en être ». Parfois, je le teste. Je me prépare, je chausse mes baskets, j'enfile mon manteau, je fais mine de l'ignorer, comme s'il allait rester à la maison. Au dernier moment, avant de franchir la porte de mon appartement, je lui dis : « Tu viens avec moi ? » Alors, sa joie, son enthousiasme, ainsi que son soulagement sont sans équivoque : Colonel adore m'accompagner où que j'aille. Plus un chien vous accompagne partout, plus il est sociable, et plus le lien qui se tisse avec lui est fort.

Outre son côté pratique, le petit chien est mignon. Il éveille en nous l'instinct nourricier et protecteur. On gazouillera plus volontiers avec un bichon qu'avec un rottweiler. Mais la taille de l'animal à elle seule n'explique pas tout. D'autres modifications morphologiques des chiens observées ces dernières décennies tendent à rendre la frontière entre nos deux espèces la plus floue possible. Le profil de bon nombre de chiens de compagnie aujourd'hui ne ressemble plus vraiment à celui d'un loup. Exit le long museau, les oreilles dressées et les yeux bien latéralisés. Les faciès des chiens se sont aplatis, les museaux se sont écrasés, les yeux se sont arrondis et rapprochés sur un même plan de la face ; la tête s'est élargie, les oreilles se sont rétrécies et, pour certaines races, sont retombées : c'est un peu comme si le chien gardait une apparence de chiot toute sa vie. Cela porte un nom scientifique, c'est ce qu'on appelle « la néoténie », c'est-à-dire la persistance de caractéristiques juvéniles à l'âge adulte. Mais on pourrait aller encore plus loin et admettre que l'on cherche, à force de sélection morphologique, à obtenir une apparence de « visage » humain chez nos chiens, même une apparence de poupon. À avoir un chien qui ressemble à un bébé humain. Parfait pour stimuler notre instinct social fondamental. Konrad Lorentz a été le premier, en 1943, à développer la théorie du *Kindchenschema*, « le schéma de bébé[XXIV] » : l'idée selon laquelle les proportions du visage d'un bébé sont plus à même de nous attendrir et de nous donner envie de nous en occuper que celles d'un individu adulte. Dans une espèce comme la nôtre, dont les petits dépendent totalement des soins procurés, ce serait une évolution adaptative pour favoriser la survie des plus jeunes. Que l'on ait plus envie de prendre soin d'un nourrisson que d'un ado bougon tombe sous le sens. Mais est-ce que cela a aussi été vérifié scientifiquement pour les animaux concernés par le *Kindchenschema* ? Des chercheurs se sont amusés à comparer l'attractivité, sur photo, de faciès de bébés avec celui de chiens et de chats (jeunes et adultes) auprès de différents profils de participants[XXV]. Première observation globale : dès lors que le sujet, quelle que soit son espèce, présente des caractéristiques infantiles, il est plus attirant. Deuxième observation, qui pourrait être presque dérangeante, même pour moi : les participants à l'étude ne montrent pas de différence de sensibilité entre un visage de bébé ou une photo de chiot ou de chaton. Troisième observation : les femmes sont plus sensibles que les hommes aux faciès d'animaux avec des caractéristiques infantiles. Donc oui, nous, humains, sommes plus réceptifs et plus à même de nous attacher, comme on le ferait avec un enfant, à des animaux qui conservent des traits juvéniles. Si l'on s'intéresse donc aux races canines, tout cela vient bien expliquer la popularité des races de chiens chez lesquels, à force de sélection, on a clairement essayé de faire émerger des traits enfantins. Ce sont les chiens brachycéphales[1], comme les bouledogues français ou anglais, les carlins, les boston terriers, mais aussi les cavaliers king-charles… qui portent le mieux cette ressemblance. Et on les retrouve en nombre auprès des populations qui se revendiquent plus facilement comme des *petparents* : les jeunes couples, les femmes célibataires ou les couples homosexuels. D'ailleurs, le business autour du chien ne s'y est pas trompé : il existe un large choix de vêtements et d'accessoires (sweat-shirts, doudounes, imperméables, lunettes, poussettes…) destinés à ces races, pour accompagner cette tendance à l'humanisation. C'est moins valable pour les braques ou les bergers allemands.

> « *On gazouillera plus volontiers avec un bichon qu'avec un rottweiler.* »

Qu'en est-il de la morphologie du border terrier qu'est Colonel ? Est-ce qu'il rentre dans cette « tendance » ? Le border terrier a une petite tête ronde, un museau assez court, mais ce n'est pas pour autant un brachycéphale. Il a pu y avoir des dérives chez certains éleveurs qui ont cherché, à force de

---

1. Brachycéphale : au crâne aplati et élargi, à la face écrasée et au nez court.

sélection, à raccourcir le chanfrein du border terrier, mais heureusement ça n'a pas pris et ce n'est pas rentré dans le standard de la race. Par ailleurs, on m'a toujours dit que mon chien avait plus une tête de vieux qu'une tête de chiot (cela dit, plus il prend de l'âge, plus ça a tendance à s'inverser, pour mon plus grand bonheur). Je ne suis pas, de mon côté, attirée par ces faciès brachycéphales. Ce n'est pas ce qui me plaît chez un chien ; je préfère le côté rustique du border terrier. Et en tant que vétérinaire, je suis trop sensibilisée aux problèmes de santé[1] rencontrés par toutes ces races poussées à l'extrême pour avoir envie d'alimenter cette tendance malsaine.

Une autre preuve éloquente de la place que l'on attribue à son chien, c'est bien sûr le nom qu'on lui donne. L'étude des noms propres, l'onomastique, s'est ainsi intéressée aux usages au sein de la population canine ; et même si de tout temps on a donné des prénoms humains aux chiens, ils sont beaucoup plus communs chez les chiens d'agrément que chez les chiens de chasse par exemple. Combien de bouledogues français ou de chihuahuas s'appellent Raoul, Jules, Marcel, Enzo, Serge pour les mâles, Romy, Colette, Chantal, Simone, Denise, Rosalie pour les femelles ? Prénoms bien souvent remplacés au quotidien par les petits noms « mon amour » ou « mon

---

1. Problèmes de santé tels que ulcération de la cornée, troubles respiratoires, digestifs et cutanés, qualité de vie dégradée et espérance de vie très réduite. À noter : les Pays-Bas veulent en interdire l'adoption, certaines races sont interdites à la reproduction par la Norvège, etc.

bébé ». Les frontières symboliques qui existent entre deux espèces aussi différentes que sont l'homme et le chien s'effacent. Pour mon chien, je n'ai pas choisi la familiarité d'un prénom humain ; j'ai préféré lui offrir un grade, imposant dès le départ : Colonel. C'est amusant de se remémorer le cheminement qui amène à choisir le nom de son chien. Et on me pose souvent la question. C'était en novembre 2018, quelques semaines avant que je ne me décide à appeler l'éleveuse de border terriers. Je regardais une série Netflix, *La Ballade de Buster Scruggs*, des frères Coen, dans laquelle un chien s'appelait « *President Pierce* ». J'avais trouvé cela drôle et original, mais autant en anglais « *President* » sonne bien, en français « Président » est moins heureux. Mais de là m'est venue l'idée de trouver un titre ou un grade. Peut-être ai-je inconsciemment été influencée par un souvenir d'enfance car j'ai appris plus tard que le vieux chien de berger du dessin animé *Les 101 Dalmatiens* s'appelait également Colonel. Colonel se décline en « mon Colonel » ou « le Colonel ». J'avais envisagé comme diminutif « Coco », mais je ne l'y retrouve pas. Alors que son nom lui va extrêmement bien. Un jour, alors que je venais d'emménager dans un nouvel appartement, je croise dans le hall de l'immeuble une voisine (j'apprendrais plus tard qu'il s'agissait ni plus ni moins de Guesch Patti, mais sur le moment je ne l'avais pas reconnue). Vraie amoureuse des animaux, elle s'extasie devant mon chien et me dit, avant même de m'avoir demandé comment il s'appelait : « Il est marrant, il a une tête de colonel ! » Quelle clairvoyance ! Je n'étais pas peu fière. Au

Champ-de-Mars, il a la cote. Sur les pelouses entre la tour Eiffel et l'École militaire, dire à son chien « Colonel, viens ici ! » est très à propos. Mais le nom de mon chien prend toute sa dimension dès lors qu'il interagit avec ses congénères. Malgré sa petite taille, il n'a peur de rien et vient s'interposer (ou s'en mêler) dès qu'une bagarre canine éclate. Il donne le sentiment de vouloir être à la hauteur de son titre. Quant à moi, je me demande parfois si le choix de ce nom pour mon chien ne reflète pas le besoin que j'avais de mettre de l'ordre dans ma vie.

9

Différence fondamentale

Si je me suis permis d'écrire ce livre et de clamer que la place de Colonel dans ma vie se rapproche à bien des égards de celle d'un enfant, c'est parce que je n'ai jamais perdu de vue une notion fondamentale : l'importance que je lui donne ne le rend pas pour autant humain. Colonel est un chien, et l'amour que j'ai pour lui doit impérativement prendre cela en compte. J'ai la chance d'être une femme relativement équilibrée, quoi qu'on puisse en penser, et surtout je suis vétérinaire et j'ai une très bonne connaissance des animaux, et des chiens en particulier. Voilà mes garde-fous pour que la vie que j'impose à Colonel nous rende heureux, tous les deux.

Considérer son chien comme son enfant peut malheureusement très vite conduire à des dérives dont l'animal est la première victime. D'ailleurs, un peu de littérature fait ressortir qu'être veuf, divorcé ou sans enfant n'est pas sans conséquence sur la relation maître-chien, qui peut vite devenir dysfonctionnelle. Il en résulte une apparition de troubles du comportement chez le chien d'une part, et un sentiment d'insatisfaction (puisque la relation devient problématique) et d'impuissance chez le maître d'autre part. À trop aimer, on peut mal aimer. Et j'en suis souvent témoin. Je ne vais pas dire qu'élever un bébé est plus facile que d'élever un chien. Mais cela répond à un instinct parental, à des compétences innées, à notre propre passé d'enfant et à des représentations culturelles qui nous accompagnent et nous imprègnent tout au long de notre vie. Or, combien de propriétaires de chien ne savent pas… ce qu'est un chien ? Ou sont pétris d'idées préconçues, ou persuadés de bien savoir car ils ont eu des chiens quand ils étaient enfants. Le chien est une espèce très différente de la nôtre et on ne peut pas élever un chien comme on élève un enfant. Le bon sens canin manque parfois cruellement.

« L'importance que je lui donne ne le rend pas pour autant humain. »

Je pense que l'erreur la plus commune chez les *pet-parents* est d'oublier que le chien est une espèce sociale à qui la seule présence humaine ne peut pas suffire. Même si on a une relation très fusionnelle avec son chien et qu'on ne le laisse que rarement seul, rien ne pourra remplacer des interactions avec d'autres congénères. Il suffit de voir deux chiens courir ensemble après une balle, se disputer un bout de bois, jouer à la bagarre, à la course-poursuite, ou faire le concours de celui qui lèvera la patte le plus haut, pour comprendre qu'un humain ne pourra jamais remplacer un autre chien. Je le vois bien avec Colonel : quand nous sommes tous les deux à l'extérieur, sans compagnie, et que je lui lance un bâton, il joue le jeu quelques minutes pour me faire plaisir, je pense. Mais rapidement, il reprend ses activités en solo ; je ne suis pas la bonne partenaire de jeux d'extérieur. Les interactions sociales entre espèces sont fondamentales pour l'équilibre de l'animal. Pourtant, en France, 80 % des chiens n'auraient pas la possibilité de faire des rencontres canines librement. Ce sont des chiens qui sont toujours tenus en laisse, en sachant que cela entrave complètement la relation entre deux individus ; ils ne peuvent pas s'exprimer et interagir normalement. Ou alors ce sont des chiens qui ne sont jamais sortis, sous prétexte qu'ils ont la chance d'avoir un grand jardin et que cela devrait leur suffire. Un jardin, aussi vaste soit-il, se transforme vite en prison dorée pour un chien : toujours les mêmes éléments et les mêmes odeurs, aucune nouveauté, aucune rencontre. On s'étonne ensuite que certains chiens creusent des trous sous les grillages pour aller voir ailleurs, aboient à longueur de journée sur les passants, voire sur les vélos ou les voitures : ils s'ennuient à mourir si leur vie se cantonne à la maison et au jardin et ils cherchent à tuer le temps comme ils le peuvent. Ainsi, contrairement aux idées reçues, le chien des villes est souvent bien plus heureux que le chien des champs ! Colonel est un chien parisien. Il vit dans un appartement avec moi et il ne se passe pas une journée sans qu'il n'ait l'occasion de voir ses copains. Depuis son plus jeune âge, il est très en demande de contacts avec ses congénères. Beaucoup plus que de contacts avec les humains. Alors je l'ai nourri en ce sens, je me suis adaptée à son caractère ultra-sociable. Lorsqu'il n'avait que quelques mois, je l'emmenais sur les pelouses, où je retrouvais d'autres propriétaires de chiens ou des promeneurs avec leur meute. J'avais repéré ce site bien avant que je ne me décide à prendre un chien ; j'empruntais régulièrement ce chemin avec d'un côté le jardin des Tuileries et de l'autre le jardin du Carrousel. Quand je voyais tous ces chiens jouer ensemble, je m'arrêtais systématiquement. Comme une touriste, je les filmais, je les prenais en photo et je me projetais : un jour, moi aussi, j'aurais la chance de venir ici avec mon chien. Je n'ai jamais eu ce fantasme en passant devant une sortie d'école à 16 heures. Quand j'ai rejoint les premières fois ces groupes avec mon petit chien, comme je me sentais fière et heureuse en *dogmom* ! Enfin, j'en étais !

J'ai donc favorisé la sociabilité déjà prégnante chez Colonel. Par chance, à Paris, il y a des chiens de tous âges, de toutes tailles, de toutes races, des mâles et des femelles… et quelques endroits, comme les parcs canins, les galeries des Tuileries ou les pelouses du Champ-de-Mars où on peut les lâcher presque librement. Il a ainsi, tout petit, intégré dans son référentiel cette diversité fascinante qu'on retrouve au sein de l'espèce canine. Il a pu apprendre les codes canins avec ses copains (il avait déjà une base solide, comme il venait d'un bon élevage), tester sa morsure, donner de la voix, se faire remettre à sa place lorsqu'il était trop insistant… Bref, je lui ai offert l'école de la vie des chiens. Avec quelques petites frayeurs parfois, quand on voit son petit chiot de 4 mois bousculé par un gros rodhesian ridgeback qui pèse dix fois plus

Différence fondamentale

lourd que lui ! Or beaucoup de propriétaires sont complètement paniqués rien que devant un moment de jeu entre chiens. Ils ne savent absolument pas interpréter les attitudes des animaux. Oui, dans le jeu, on retrouve un florilège assez chaotique de comportements de prédation, de chevauchement ou de fuite. Oui, les chiens s'aboient dessus, se mordent (ils n'ont pas de mains pour s'attraper mais une gueule avec des dents), se font tomber, roulent les uns sur les autres : ils s'éclatent et sont brutaux ! Parfois, il y a des bobos, comme quand on inscrit son fils au club de rugby du coin et qu'il revient avec les genoux éraflés ou une entaille sur le front. Malheureusement, bon nombre de *petparents* n'offrent pas ces moments de joie, de dépense physique et mentale à leur chien, car ils ont peur qu'il arrive quelque chose. Le chien est soustrait à ces situations, rattaché en laisse ou même hélitreuillé dans les bras dès qu'un autre chien est en vue. Chiot, il n'a pas l'occasion de se sociabiliser, et il devient un adulte frustré et intolérant aux autres chiens. C'est un cercle vicieux car « Il ne s'entend pas avec ses congénères ». Mais on l'a amputé pour toujours d'une partie de sa vie de chien ! Je suis tellement triste quand je vois ces chiens « bibelots », en permanence tenus dans les bras ou portés dans des sacs ; bien souvent ils sont éteints et totalement résignés, presque abrutis. À ce stade, je ne pense même pas qu'on soit dans le substitut d'un enfant mais plutôt dans une chosification de l'animal.

« À trop aimer, on peut mal aimer. »

Sans en arriver là, à d'autres on va interdire ce qui fait les petits plaisirs de la vie d'un chien, voire ce qui est inscrit dans leur ADN. Je pense aux cockers, labradors ou golden retrievers qui se jetteront corps et âme dans le moindre plan d'eau ou flaque de gadoue. Mais sous prétexte que c'est sale, qu'il va rentrer trempé à la maison ou sentir mauvais, combien de fois ai-je vu des proprios hurler sur leur chien ou le rattacher, empêchant ce qui ressemble pourtant à un moment de pur bonheur et de détente pour l'animal.

Colonel n'est pas trop boue. Mais pour entretenir son poil dur qui s'apparente à la toison d'un sanglier, il adore se frotter dans de la terre sèche, du sable ou éventuellement (plus pratique), sur le paillasson du hall de l'immeuble. Et j'y ai droit tous les jours. Pour peu qu'il sorte du toilettage ou que je l'aie douché à la maison, ce qui arrive très rarement, je peux être sûre que deux heures plus tard il s'enduira de nouveau de terre. L'en empêcher pour préserver la propreté de mon appartement ? Quand je le vois commencer à se dodeliner lorsqu'il a trouvé un endroit à son goût, le plaisir qu'il prend et qu'il exprime par de petits gémissements de bonheur, je ne peux rien faire. C'est un chien ! Et, pardonnez-moi, mais ce n'est pas propre au chien car j'ai déjà vu des enfants se rouler par terre également. Souvent en hurlant de colère. Ça leur donne un petit côté animal.

J'ai tout de même appris à Colonel à s'ébrouer sur commande pour se débarrasser d'une partie des saletés. Il suffit d'un bon brossage régulier et chaque soir, après la dernière balade, je lui passe un petit linge humide sur les coussinets. C'est vrai que, si l'on est un tant soit peu maniaque et hygiéniste, le chien n'est pas une bonne idée, il faut plutôt prendre un chat.

Être un bon *petparent*, c'est donner à son chien la possibilité d'exprimer les comportements propres à son espèce et c'est également ne pas tomber dans les déviances de l'humanisation. Pas toujours facile, je l'admets !

Moi-même, j'ai succombé un jour aux sirènes de la mode pour chiens. J'avais trouvé pour Colonel un imperméable sexy à souhait avec, pour le fixer, deux petits élastiques qui viennent entourer les cuisses. Affublé de la sorte, il ressemblait à un rôti. Et que dire de ce petit tricot beige côtelé à col roulé au style très Burberry, en accord avec ses racines écossaises. Car s'il y a bien quelque chose dans la maternité qui m'a toujours fait fondre, c'est le prêt-à-porter enfant : quoi de plus chou que des mini-chaussons, un petit pantalon en velours, une doudoune *oversize* et des bodys pour bébé ? Là, je l'avoue, si j'avais été maman, j'aurais fait de mon bébé une *fashion victim*. Donc j'ai craqué pour Colonel. Comme beaucoup de *petparents*. D'autant que les rayons de vêtements canins des magasins spécialisés ou des boutiques en ligne sont bien fournis, il y en a pour tous les goûts (du plus pointu au plus discutable). Mais mis à part quelques rares cas pour lesquels le port d'un vêtement peut être recommandé (les très vieux chiens, de petite taille, ou au contraire les très jeunes, les animaux fragiles ou en mauvaise santé qui ont du mal à réguler leur température corporelle), un chien n'a absolument pas besoin d'être habillé. Les quelques fois où j'ai vêtu Colonel, je me suis vite rendu compte qu'il n'appréciait pas. Dans la rue, il était prostré, ne voulait plus avancer, il avait la queue entre les pattes, les oreilles baissées, et se mettait à bâiller. Selon les circonstances, le bâillement est un signe d'inconfort, très souvent méconnu des propriétaires. Alors j'ai remisé imperméable et pull-over au placard ; je venais de perdre soixante-dix euros à m'être laissé influencer par cette tendance à l'humanisation des chiens. Non, les habiller ne les amuse pas ; cela entrave leurs mouvements et les prive d'une aisance dans le langage corporel qui leur est indispensable pour communiquer avec leurs congénères. Bien sûr, certains chiens se laissent complètement faire. Il n'y a pas forcément de la maltraitance derrière chaque bouledogue qui porte un sweat-shirt. Mais parfois, la tolérance cache ce qu'on appelle de l'impuissance acquise : à force de se voir imposer des situations auxquelles, de toute façon, le chien ne peut pas échapper, il se résigne. C'est une forme d'inhibition qui n'a aucune chance de faire du bien à l'animal et qui au contraire contribue à l'installation d'un mal-être chronique. Pas uniquement du fait d'habiller son chien, mais parce que bien souvent c'est un tout. À le considérer comme un enfant qu'il n'est pas, on ne lui permet pas d'exprimer ses comportements naturels de chien, on lui met des vêtements dont il n'a pas besoin et on lui prête des intentions ou des sentiments humains. Le risque de ces projections anthropomorphiques sur le chien ? Un décalage entre ce qu'il ressent et ce qu'on interprète. Et une réaction inappropriée de notre part.

C'est une histoire tristement banale que je vais vous raconter. Celle de Sherlock, un beagle, adopté par un jeune couple parisien sans enfant, Clément et Marie. Leur premier chien. J'ai vraiment senti que, pour eux, Sherlock était comme un premier enfant, avant peut-être qu'ils ne se décident à en faire un plus tard. Déjà, le choix du chien questionne. Certes, le beagle est à la mode, on en voit beaucoup dans les grandes villes. Pourtant, ce sont des chiens à l'instinct de chasse et à l'odorat très développés, qui ont besoin de suivre des traces, d'aboyer fort, de se dépenser et de courir dans de grands espaces. Clément et Marie se sont beaucoup investis auprès de Sherlock les premiers mois, je les croisais systématiquement lors de mes balades avec Colonel. Ils n'ont pas démérité sur la socialisation de leur chien. Ils l'emmenaient partout avec eux, c'était leur petite merveille. Par chance, ils sont tous les deux free-lance, ils n'ont pas d'horaires de bureau, donc ils ont pu s'arranger pour ne jamais le laisser tout seul dans l'appartement, d'autant que ça aurait été un crève-cœur, pour eux et pour le chien. C'est vrai, la solitude n'est absolument pas naturelle pour lui qui a besoin de son groupe. Mais c'est un apprentissage indispensable car je ne connais personne qui soit en mesure d'être accompagné par son chien où qu'il aille. Je pense à toutes les contraintes sociales, aux rendez-vous médicaux ou administratifs… Sherlock n'avait donc jamais appris à être seul ni à être autonome vis-à-vis de ses *petparents*. Marie me confiait même que le beagle la suivait partout dans l'appartement, jusque devant la porte des toilettes ou derrière la paroi de la douche. Dès qu'elle se levait du canapé, telle une ombre, il était derrière elle. « C'est dingue comme il est attaché à moi et comme il a besoin de moi ! » me disait-elle, non sans gloire. Elle ne réalisait pas encore que se complaire dans ce rapport serait source de bien des tracas. Lorsqu'un chiot est adopté par une famille humaine, vers l'âge de 2 mois et demi, il transfère l'attachement qu'il avait pour sa mère sur une nouvelle figure : son ou ses maîtres. Cette étape est nécessaire pour qu'il ressente une sécurité et un équilibre émotionnel qui le rendront réceptif aux apprentissages et confiant pour explorer son environnement. Cela passe par le nourrissage, les câlins, la présence, le jeu et les soins. Mais ce qui est difficile, c'est que cette même figure d'attachement doit aussi être en mesure d'amorcer le processus inverse, ce qu'on appelle le « détachement », une étape indispensable pour donner l'opportunité au jeune d'acquérir son indépendance et d'accéder au statut social d'adulte. C'est à la mère que revient ce rôle quand les chiots grandissent dans un groupe de chiens. Aux alentours de l'âge de 4 mois, alors qu'ils sont encore collés aux pattes de leur mère, celle-ci commence à les repousser dès qu'ils la sollicitent pour le jeu ou des contacts affectifs. Cela se fait sans états d'âme. Or beaucoup d'humains ne comprennent pas l'aspect fondamental de cette étape. Ils veulent continuer à couver leur chien : il est encore petit et mignon, il paraît si fragile ! À titre de comparaison, on ne repousse pas un nourrisson. Il se dit même aujourd'hui qu'il ne faut pas laisser pleurer un bébé, car il exprime un mal-être et a besoin d'être rassuré par ses parents.

Cependant, un chiot n'est pas un bébé. Marie et Clément auraient davantage participé à l'équilibre de Sherlock en lui apprenant à rester seul, en l'ignorant, en lui interdisant de les suivre partout à la maison, en le repoussant à chaque sollicitation plutôt qu'en le choyant à outrance. D'autant que ce n'était l'affaire que de quelques semaines pour enclencher le détachement. Mais c'est méconnu de beaucoup de propriétaires de chiens, ainsi que contre-intuitif et difficile, surtout lorsqu'on projette tant de sentiments humains sur son chiot. Sherlock n'a donc jamais passé cette étape. Aujourd'hui, il a plus d'un an, et la relation est très difficile, pour tout le monde. Il souffre d'hyperattachement. Au quotidien, il est toujours sur le qui-vive et surveille constamment les allées et venues de Marie et Clément ; il est assez envahissant et pot-de-colle. Surtout, il vit très mal le fait d'être laissé seul à l'appartement, même un court moment. Tout a commencé par des destructions, somme toute minimes aux yeux de ses maîtres : « Oh, il a juste déchiré un bout de papier et a retourné la doublure de mon chausson. » Pas d'inquiétude, donc, au début, puisque ces « bêtises » ne portaient pas vraiment à conséquence… pour Clément et Marie. Il aurait mieux valu que Sherlock s'attaque directement à une paire de Louboutin pour que son mal-être soit pris en considération plus rapidement. Tant que son dévolu ne se jetait que sur des objets sans importance (comme si le chien avait la notion de valeur des choses), cela ne traduisait rien de grave. Mais tout s'est accentué dans les semaines qui ont suivi. Il s'est mis à gémir, à aboyer parfois – témoignage des voisins à l'appui – et à détruire tout ce qui était laissé à sa portée ; il s'est même attaqué au bois des plinthes. La dernière fois que j'ai croisé Marie et qu'elle me faisait la liste des derniers dégâts, elle a eu ces mots : « Il ne supporte vraiment pas quand on le laisse tout seul et il se venge. Et le pire, ce que je ne comprends pas, c'est que, quand on rentre, il sait qu'il a fait une bêtise, il prend son air de coupable. Alors pourquoi continue-t-il ? » Tout simplement parce que, comme beaucoup, Clément et Marie projettent sur leur chien des intentions et des sentiments humains qui n'existent pas chez lui, comme la vengeance et la culpabilité. En revanche, Sherlock est clairement en souffrance à chaque absence de ses figures d'attachement, il n'a pas appris à être autonome sans eux. Le départ est vécu comme un abandon, il se retrouve en totale insécurité, ce qui est source de stress. Le chien perd ses repères. Pour juguler ses émotions, il détruit, il aboie, il fait ses besoins. Ce sont des manifestations d'anxiété. Mais à aucun moment il ne se dit : « Ils m'ont encore laissé tout seul, je vais les punir et me venger ! » Sait-il qu'il a fait une bêtise lorsque Marie et Clément rentrent ? Non. Il n'a pas la même notion du bien et du mal que nous. En revanche, il a appris que lorsque ses propriétaires, qu'il aime par-dessus tout, rentrent, ils sont manifestement dépités, mécontents, voire le grondent. Deux conséquences à cela. La première est que les retrouvailles, qui devraient être un apaisement pour le chien hyperattaché, deviennent un moment difficile de la relation. Ce qui ne fera qu'exacerber l'angoisse du chien les prochaines fois qu'il sera laissé seul : à son anxiété de séparation toujours présente s'ajoute l'anticipation d'un moment désagréable au retour des propriétaires. Donc ses « mauvais » comportements en l'absence de ses maîtres s'amplifient. La seconde conséquence, c'est qu'en bon chien qui se respecte, lorsque Sherlock entend la clé tourner dans la serrure, il anticipe le mécontentement lié au retour et arbore cette fameuse tête de coupable, semant forcément le doute dans l'esprit de Marie et Clément. Mais ce n'est autre, en langage canin, qu'une attitude (corps ramassé, tête baissée, oreilles en arrière, regard fuyant) pour apaiser ses maîtres. Sherlock est un chien stressé, anxieux, qui ne supporte pas de rester seul et, bien malgré lui, il cause des difficultés à ses propriétaires. Je ne cherche pas à incriminer Marie et Clément car, dans des circonstances comparables, tous les chiens ne sombrent pas dans une pathologie comportementale comme Sherlock. Mais ce que je veux montrer à travers leur exemple c'est que, sous couvert d'amour et de relation fusionnelle, on ne rend pas forcément service au chien. Considérer son chien et avoir un attachement parental à lui est tout à fait recevable, mais, comme dans toute relation amoureuse ou amicale, il faut aimer l'autre dans le respect de sa différence. Et chercher à comprendre cette différence. S'occuper d'un chien n'est pas inné. Il faut accepter de ne pas tout savoir, de se faire aider, de demander conseil à des professionnels du chien pour apprendre à bien se comporter avec ces partenaires. Nos chiens font tant d'efforts pour se plier à notre mode de vie, nous leur devons de faire un minimum pour faciliter la communication et assurer le bien-être, de chaque côté de la laisse.

10

Dans la balance

Un samedi matin, 9 h 15. C'est le début du week-end, j'émerge doucement, j'attrape mon téléphone. Mon fond d'écran : une jolie photo de Colonel prise cet été en Provence. J'aime bien cette photo : il a le poil un peu hirsute et le regard malicieux. Je déverrouille le mode avion. Quelques notifications WhatsApp s'échouent enfin sur mon écran. J'ouvre Instagram, je scrolle rapidement de droite à gauche les *stories*, de bas en haut les publis… Beaucoup de chiens, forcément. Un petit tour ensuite sur une première application météo, puis sur une deuxième pour être sûre que ce que dit la première est relativement fiable. Ça va tout de même conditionner en partie l'organisation de ma journée ! Comme tous les week-ends, je prévois une à deux belles balades au bois de Boulogne ou au parc de Saint-Cloud avec Colonel. C'est important qu'il puisse prendre l'air. J'ai toujours mauvaise conscience de le laisser enfermé pendant deux jours et de ne le sortir que pour les promenades hygiéniques. J'essaie de jongler avec les averses des journées maussades de ce mois de novembre. Je ne me préoccupe pas de l'heure de la sieste ou de l'heure des repas, Colonel s'adaptera. Pour les parents urbains qui vivent, comme moi, dans un appartement et qui mettent aussi un point d'honneur à sortir leur enfant au moins une fois par jour pour l'aérer, il y a plus de paramètres à prendre en compte que la simple météo. Un chien permet quand même une certaine souplesse dans l'emploi du temps qu'un enfant n'autorise pas. Même s'il est vrai que j'ai des impondérables : un minimum de trois sorties quotidiennes, et pour certaines sous la pluie si ça ne s'arrête pas de la journée. Quant à la sortie du soir – celle qui terrorise tous ceux qui n'ont pas de chiens : « Mais même l'hiver, quand il fait froid et nuit, tu dois te rhabiller pour sortir ton chien ? » –, effectivement on n'y échappe pas. Entre 20 et 23 heures, ou plus tard si je rentre d'une soirée, je sors Colonel une dernière fois, une quinzaine de minutes. Je veux qu'il passe une nuit sereine sans avoir envie de faire ses besoins. Et c'est aussi un gage de tranquillité pour moi le matin. Mais je ne l'ai jamais ressenti comme une contrainte. Il y a des impondérables qui se transforment en automatismes quand on a un chien, donc je ne me pose pas la question. Il est 9 h 32, j'ai repris vie depuis un bon quart d'heure maintenant, mais le petit père n'a pas bougé de son panier. Pratique, le panier. Je souligne ici un intérêt majeur du chien : choisir un animal c'est quand même opter pour un encombrement minimal, Colonel ne nécessite pas une grande surface habitable. Il a son coin nuit (son petit panier, quand ce n'est pas mon lit), ses deux gamelles dans la cuisine, quelques étagères d'un placard pour stocker son nécessaire et, dans le salon, une corbeille bien remplie, avec tous ses petits jouets. Mon intérieur est donc toujours coquet et à mon goût. Pas de tapis d'éveil aux couleurs criardes, de parc bébé encombrant, de table à langer, de poussette à garer, de crayons de couleur et de feutres (non rebouchés) semés dans tout l'appartement... Je tempère tout de même : plusieurs fois par semaine (surtout après la séance de ménage), Colonel plonge la tête la première dans sa corbeille de jouets et sort... tout ! Le dinosaure, la pieuvre, la tortue, les petites balles, tout y passe... jusqu'à ce qu'il trouve son bonheur. Je ne sais jamais sur quoi il va jeter son dévolu et je ne suis pas sûre qu'il soit animé d'une intention précise lorsqu'il se lance dans cette recherche. Mais ça m'amuse plus que ça ne m'agace. Et surtout, dans ces moments-là, j'ai vraiment l'impression d'avoir un petit enfant à la maison. Tout d'abord en proie à l'ennui (cela faisait plusieurs minutes qu'il me tournait autour mais, par chance, ça ne s'accompagne pas de phrases répétitives dans le genre « Maman, je m'ennuie ! »), ensuite, résigné devant mon immobilisme (c'est une des règles de l'éducation canine : ne jamais répondre à toutes les sollicitations de son chien), il finit par se dire « Bon, je vais aller m'amuser tout seul ! », puis « Avec quoi vais-je pouvoir jouer aujourd'hui ? », et trouve enfin de quoi s'occuper. Ça se termine souvent avec la petite balle en latex qui couine et qu'il a appris à s'autolancer avec son astuce de catapulte. Et donc avec des jouets dispersés un peu partout dans le salon (qu'il ne range pas de lui-même, certes, mais en trente secondes tout est ramassé). Ne négligeons donc pas l'aspect partage de l'espace de vie qui est clairement plus favorable à la team chien qu'à la team enfant. La surface habitable nécessaire à Colonel n'empiète que très peu sur la mienne. En découle aussi un aspect financier : étant donné le prix exorbitant des loyers à Paris, je suis bien contente de ne pas avoir eu à chercher un appartement avec deux chambres. Colonel me fait tout de même faire de sacrées économies par rapport à un enfant, surtout quand on est une maman célibataire ! L'étude de la population française et de sa consommation a permis au ministère de la Santé et des Solidarités d'évaluer l'enveloppe globale que représente un enfant jusqu'à ses 20 ans : 180 000 euros... Et ce n'est qu'une moyenne ! Vu le coût de la vie à Paris, les nouveaux besoins sans cesse créés pour inciter à consommer toujours plus et pour peu qu'on ait mis au monde un enfant doté de bonnes facultés intellectuelles qui aura la volonté de faire de longues études supérieures, je suis persuadée que la douloureuse peut facilement atteindre les 250 000 euros. Par enfant. A priori quand on en a deux ou plus, on doit pouvoir compter sur des avantages fidélité de la vie, je suppose donc que c'est dégressif. Mais sacré budget tout de même ! Colonel, malgré son intelligence remarquable, n'est pas parti pour faire une classe préparatoire ou un Erasmus à Madrid, et se contente d'assez peu de choses. En plus, j'ai de la chance, il n'est pas du tout destructeur, donc je n'ai pas à renouveler régulièrement son stock de jouets et de peluches. Comme il sait rester tout seul, je n'ai pas besoin, en soirée avec mes copines, de regarder ma montre et de me dépêcher de rentrer pour éviter de payer une heure de baby-sitting supplémentaire (frais de gardiennage qui font vite hésiter à deux fois avant d'enchaîner plusieurs dîners dans la semaine).

Côté dépenses de santé, étant vétérinaire, j'ai quelques avantages. Et nous sommes tous deux égéries d'une marque de croquettes (oui, il y a les égéries L'Oréal et les égéries croquettes, chacun son créneau !), donc il mange à l'œil. Il me rapporte presque de l'argent car il contribue à ma cote en tant qu'influenceuse sur les réseaux sociaux. Mes plus gros postes de dépense pour Colonel sont les balades en meute, éventuellement les frais de pension (et encore, la solution des grands-parents l'été dernier s'est avérée optimale), l'épilation[1] chez la toiletteuse deux à trois fois par an, et ses « gâteries » (comme des oreilles ou des tendons de bœuf déshydratés à mastiquer). 1 500 euros par an, voilà le budget pour Colonel, en se faisant plaisir, sans trop regarder à la dépense. Le choix du chien est donc plutôt malin par rapport à un enfant d'un point de vue financier. Pour ma vie personnelle, mes loisirs, mes coups de folie, j'ai un pouvoir d'achat supérieur à celui de mes amis avec enfants qui ont pourtant un niveau de vie comparable au mien. Et en plus, cerise sur le gâteau, avec Colonel je peux partir en vacances hors périodes scolaires, ce qui me fait également réaliser pas mal d'économies.

> *« Il y a des impondérables qui se transforment en automatismes quand on a un chien. »*

---

[1]. Épilation canine : méthode de toilettage consistant à retirer les poils morts (pour les chiens à poils durs).

Lorsque ma sœur aînée me raconte au téléphone que ses garçons se sont encore réveillés de manière tonitruante à 7 heures du mat le dimanche, je me dis que j'ai quand même pas mal de chance avec Colonel. Rares sont les matins où je ne suis pas obligée de le tirer de son panier pour sortir. Finalement, on se rapproche plus de l'adolescent qui, telle une bête sauvage, émerge de sa chambre en fin de matinée, suivi d'une odeur âcre bien caractéristique de cet âge souvent ingrat. À la différence près, c'est qu'un chien est toujours joyeux et content de vous voir au réveil. Sans mentir, si je laissais Colonel décider, je pense que nous ne serions pas dehors avant 10 h 30 ou 11 heures. Ce qui me laisse du temps pour vaquer à mes occupations la semaine ou le week-end, me remettre d'une éventuelle soirée tardive, le tout dans une ambiance calme et détendue. Parce que c'est quand même bruyant un ou des enfants, surtout de bon matin. J'imagine qu'on revoit son seuil de tolérance au bruit lorsqu'on est parent. Car quand on n'en a pas, c'est une nuisance qui peut vite taper sur les nerfs. Le pire que j'ai pu constater niveau décibels, c'est autour et dans une piscine pendant les vacances d'été. D'autant plus qu'il suffit juste de deux ou trois enfants, il n'y a même pas besoin d'une meute. Je pense qu'en termes d'intensité sonore, on atteint des seuils qui pourraient mettre en danger nos capacités auditives. Et là, on s'éloigne carrément du concept de « chiller au bord de la piscine » : verre de rosé-glaçons, nouveau roman de Nicolas Mathieu et chant des cigales – un concept sur lequel on fantasmait depuis des mois. Alors qu'en tant que *dogmom*, c'est typiquement le lieu de vacances où j'ai la chance de pouvoir être parfaitement décontractée : eh oui, quand on a un chien, le risque de noyade ne fait pas partie des appréhensions. Colonel n'a eu besoin ni de cours de natation, ni de brassards, ni de bouée. Faites le test : prenez un chien dans les bras, amenez-le au-dessus de l'eau et vous verrez que, instinctivement, ses quatre membres se mettent déjà, dans le vide, avant même d'avoir touché la surface, à esquisser des mouvements de nage. Une fois dans l'eau, il suffit de lui montrer plusieurs fois par où sortir de la piscine, et le tour est joué, il devrait être capable de s'en tirer tout seul ! C'est quand même pratique un chien de ce point de vue-là... Côté nuisances sonores, j'admets cependant que, quand il est au grand air, à la campagne, Colonel a lui aussi l'aboiement facile. Aigu et strident. Les chiens et les enfants sont finalement assez similaires dans leur façon d'exprimer leur joie et leur excitation : ils crient ! Je précise « au grand air » pour Colonel ; en revanche, je n'appréhende pas les trajets en voiture ou en train. Il ne bronche pas et se montre un passager plutôt discret. À tel point que je confesse ne lui prendre que rarement un billet dans le TGV par exemple. Au passage du contrôleur, je le cache sous mon siège, j'abaisse la tablette et je gratifie l'agent SNCF d'un grand sourire pour faire diversion. Force est de constater que, tant qu'ils n'en sont pas au stade d'avoir des écouteurs greffés sur les oreilles, les enfants dans un moyen de transport passent rarement inaperçus. Et quand les enfants ne crient pas, à partir d'un certain âge, ils ont aussi le discours facile. Ainsi qu'un vocabulaire approximatif, pendant plusieurs années (voire encore plus longtemps si l'on en juge par le niveau constaté au sein des jeunes générations). Est-ce qu'on arrive vraiment à se passionner pour des histoires de dinosaures qui décollent en rugissant, grâce à la baguette magique qu'ils ont volée à Harry Potter, le tout en buvant son café le matin et en essayant d'écouter le *replay* de la chronique d'Alex Vizorek sur France Inter ? J'évoque le nom de cet humoriste belge car il s'est déjà ouvertement prononcé sur son non-désir d'enfant, allant même jusqu'à avancer qu'il serait peut-être atteint de « pédophobie », la peur de l'enfant. Au cours de son dernier spectacle, *Ad Vitam*, dans un sketch hilarant, il utilise un concept marketing, le Swot[1] (forces, faiblesses, opportunités, menaces), pour analyser la pertinence d'avoir des enfants à notre époque. Et ne se prive pas de suggérer, en conclusion, de plutôt prendre un chien à la place. Culotté, mais forcément ça m'a parlé. Revenons-en à l'histoire sans fin des dinosaures qui volent de bon matin. Alors que vous faites mine d'être subjugué par tous les rebondissements avec de petits hochements de tête et des « Waouh ! », « Incroyable ! » (il ne faut pas annihiler le potentiel créatif d'un enfant), un coup d'œil sur votre montre et c'est la panique à bord : les manteaux devraient déjà être enfilés pour emmener le petit à l'entraînement de rugby du samedi matin, 10 heures ! Mais le bol de céréales est encore à moitié plein et la moitié de la première moitié gît sur la chaise et sur le sol. Décidément, avec

---

1. Swot : acronyme des termes anglais *strengths*, *weaknesses*, *opportunities*, *threats*.

Colonel, je n'ai pas les mêmes débuts de journée que les « vrais » parents. Je l'ai tiré de son panier, il n'a pas d'histoire à raconter, il a avalé son bol de croquettes en 14 secondes chrono, et il n'en reste pas une seule qui traîne sur le sol. En revanche, comme il met un peu de temps à se mettre en route le matin, qu'il n'est absolument pas pressé de sortir, alors que je me suis décidée à être au bois de Boulogne pour 10 h 30, j'utilise la même ritournelle que beaucoup de parents : « Alleeeeezzz, dépêche-toi, on n'a pas que ça à faire ! », tandis que je tiens la porte de l'ascenseur pour descendre et qu'il me fixe, impassible, assis dans le couloir. Ce fameux « Allez, dépêche-toi ! », je me surprends aussi à le répéter quand il est temps de rentrer de la balade, et que monsieur freine des coussinets ou s'arrête encore à chaque arbre pour lever la patte alors qu'il n'a strictement plus rien à pisser ! Ce refus de rentrer à la maison pour profiter encore de la promenade est tout à fait superposable avec le comportement de jeunes enfants que j'ai pu observer. En bougonnant légèrement (dans le meilleur des cas), ils suivent à trottinette leurs parents en direction de la voiture, après plus d'une heure passée au jardin d'enfants. Ils lâchent leur moyen de locomotion tous les vingt mètres, soit parce qu'ils décrètent ouvertement qu'ils ne veulent plus avancer, soit parce qu'ils font diversion et feignent de s'extasier devant une petite fleur et de vouloir la cueillir « pour faire un bouquet pour maman ». Touchant, mais tout de même, l'heure passe : « Merci ma chérie, mais allez, viens, on se dépêche maintenant ! » Une petite phrase magique du type « Allez, on y va, je vais te préparer un hamburger et des frites maison pour le déjeuner ! » motive généralement les troupes à avancer plus vite. Pour Colonel, ce sera plutôt : « Allez, viens, tu auras une oreille de bœuf à mâcher ! » Parents ou *pet-parents*, on utilise le même genre de ruse : la motivation par la carotte ! Et finalement, on touche là du doigt une réalité incontestable : l'approche éducative de nos petits, que ce soit un enfant ou un chien, est très similaire. Comme on peut s'en douter, je ne suis absolument pas une spécialiste de l'éducation des enfants, mais j'ai bien noté qu'il y avait eu un petit tournant ces quinze à vingt dernières années. A fleuri cette notion d'éducation positive, bienveillante et non violente, que je vois appliquée un peu partout autour de moi, en opposition à l'éducation dite « traditionnelle », construite sur un rapport hiérarchique très clair parents-enfants. Françoise Dolto a largement contribué à ce début de révolution. Puis c'est l'inspiration du modèle de la Suède (pays où tout châtiment corporel sur un enfant, comme la fessée, a été interdit dès 1979), et l'apport des neurosciences qui ont pris le relais. Non seulement l'immaturité du cerveau des jeunes enfants les rend inaptes à gérer les tempêtes émotionnelles qui peuvent les submerger, mais en plus la peur, les angoisses, les frustrations, les colères ont des effets délétères sur le développement cérébral. Alors les enfants sont aujourd'hui élevés dans l'écoute, l'empathie, l'explication, l'accueil de leurs émotions quelles qu'elles soient, positives ou négatives, l'expression et le respect de leurs désirs et, bien sûr, le bannissement des punitions (physiques et verbales) et des ordres. Même la tournure des injonctions a changé.

On ne dit plus « Ne cours pas ! », mais « Marche ! ». L'idée est d'être toujours dans le positif, de mettre les besoins de l'enfant et tout ce qui participe à son épanouissement au cœur de l'éducation.

> « On parle d'éducation, et non plus de dressage. »

Eh bien, figurez-vous que, pour les chiens, c'est exactement la même chose ! Fini l'utilisation de la force et de méthodes ou outils coercitifs qui ont pourtant été légion pendant si longtemps ! Je pense au collier étrangleur ou à pointes, aux coups de torchon ou encore de martinet (qui servait aussi à menacer les enfants), aux secousses sur la laisse, aux manipulations brutales comme attraper l'animal par la peau du cou puis le retourner sur le dos, aux réprimandes et interdictions intempestives… Remise en question également, l'approche dominant/dominé qui a très longtemps régi la lecture et l'instauration des rapports entre l'homme et le chien (et qui a tout de même encore de beaux jours devant elle chez les non-initiés à l'éthologie canine). Des études ont montré que ces méthodes traditionnelles d'éducation canine, basées sur la crainte, voire la douleur, sont contre-productives pour l'apprentissage, difficilement compréhensibles et extrêmement anxiogènes pour l'animal, qui n'a alors jamais le sentiment d'être dans un environnement sécurisant. Catherine Collignon, éducatrice et comportementaliste canine renommée, dit qu'un chien ne devrait jamais avoir le moindre doute sur nos intentions quand on s'approche de lui.

Le doute est anxiogène ! Alors, depuis une dizaine d'années, un nouveau courant s'impose au sein de la majorité des professionnels du chien, qui suit clairement l'approche éducative des enfants. D'ailleurs, notez qu'on parle d'éducation et non plus de dressage. Et on utilise le même champ lexical : il s'agit de l'éducation dite positive et amicale. Autant s'inspirer pour nos chiens de ce qui se fait de mieux pour les enfants. L'inverse pourrait sûrement s'appliquer parfois : j'ai déjà vu des parents tenir des enfants avec un harnais et une laisse – je préconise la laisse bandoulière qui permet de se libérer les mains. Quant au harnais, il y a des systèmes anti-traction bien pensés pour le chien qui entravent légèrement les membres antérieurs sans douleur et sans stress. Dans cette nouvelle approche éducative, il ne s'agit plus de faire obéir le chien par la crainte, mais de l'inciter et de l'encourager dans ses bons comportements par la récompense et les louanges. Finalement, les maîtres mots d'un bon maître-chien (ou d'un bon parent) sont : bienveillance, compréhension, constance, cohérence, patience, collaboration, plaisir. Un tel cadre éducatif respectueux des besoins, de la nature propre de l'animal (ou de l'enfant) et de son état émotionnel favorise le bien-être et le développement optimal de l'individu, quel qu'il soit. Et l'expression de son caractère et de sa personnalité. Trop souvent, on pense qu'on est un bon maître et qu'on a un bon chien s'il obéit au doigt et à l'œil, ne fait pas d'éclat, qu'on ne l'entend pas... alors que derrière un chien qui ne fait pas de vagues du tout peut se tramer une sorte de résignation : « À quoi bon ? » Cela a été la même chose pour les enfants. Et j'ai fait partie de cette génération où il ne fallait pas broncher, se taire, être polie et bonne élève, ne pas remettre en doute la parole et les règles de ses parents et où s'exprimer sur ses émotions ou son ressenti était en quelque sorte tabou. Le paraître en société primait sûrement sur le bien-être des enfants.

Aujourd'hui, c'est un peu l'inverse ! Pourtant, même si je suis carrément partisane des nouvelles approches éducatives positives et non violentes, qui permettent à l'individu (chien ou enfant) de s'exprimer et d'explorer tout son potentiel, j'ai le sentiment qu'on oublie parfois cette notion d'appartenance à un groupe social, pour la personne ou l'animal. Groupe social dans lequel il y a des règles de bienséance afin que le cadre en soit harmonieux et épanouissant pour tous ceux qui y gravitent. Et a priori, l'éducation positive pèche un peu de ce côté-là. Il y a peu de temps, j'assistais à un déjeuner qui réunissait cinq adultes et deux enfants de 9 et 5 ans. Le premier avait son mot à dire sur tous les sujets de conversation. Admettons. C'est le fameux âge « pré-ado » ; de mon temps, cette tranche n'existait pas. Maintenant elle couvre en gros les 9-12 ans et se brandit comme un étendard pour excuser un peu tout. Le petit dernier a passé son déjeuner à fredonner, et vraiment fort. Ne pouvant s'immiscer dans les conversations, il avait trouvé le moyen de se faire entendre au point que, finalement, on n'entendait plus que lui. Avec toute la diplomatie dont je fais montre en de telles occasions, j'ai demandé si l'on pourrait reporter la session de chant au moment du café par exemple.

Mais ce n'était pas le point de vue des parents, qui préféraient voir leur enfant expressif, joyeux et doté d'une fibre musicale, plutôt qu'éteint et renfermé. Et on ne coupe pas un enfant en plein élan créatif ! L'éducation positive mal comprise a tendance à faire tourner le monde autour de l'enfant, en toutes circonstances, même quand ce n'est pas forcément le « temps des enfants ». Pour un chien, les travers sont les mêmes. C'est formidable, de ne pas toujours agir et penser à sa place, et de favoriser l'expression de ses envies et l'intelligence de la prise de décision autonome ; mais, pour que la relation homme-animal soit harmonieuse et durable, il faut que le chien apprenne les règles de vie de la société humaine, même si ce n'est pas naturel pour lui, et que sa présence ne soit pas envahissante à longueur de temps. L'apprentissage de la frustration et de la patience, dans le calme, fait partie des acquis indispensables pour un chien (et pour un enfant). De Colonel, j'ai d'ailleurs coutume de dire qu'il est « patient et pas chiant », des qualités presque exceptionnelles de nos jours…

« On peut se retrouver débordé par un enfant ou un chien. »

J'ai demandé son avis éclairé et de terrain à ma sœur cadette, professeur des écoles en maternelle, sur les travers de l'éducation positive : « J'en fais les frais tous les jours ! Je me retrouve avec vingt-cinq enfants rois, chacun de son royaume, et on doit tous les faire cohabiter : c'est mission presque impossible ! Pour le chien, je ne m'y connais pas mais, si le concept est le même, jamais de punition ni de réprimande, vu le nombre d'enfants difficiles et manquant de cadre que je peux voir, ça promet ! » Si en finir avec l'éducation à la baguette était sûrement nécessaire, aujourd'hui on est a priori dans l'excès inverse, peut-être le temps de trouver le juste milieu. Cela dit, depuis qu'en octobre 2022 j'ai vu que le *time out*, le fameux « va dans ta chambre », allait devenir une punition déconseillée par le Conseil de l'Europe, j'émets quelques réserves sur l'atteinte d'un équilibre... La seule justification que je vois à ne plus utiliser le « va dans ta chambre » pour un enfant, c'est la dissonance cognitive qui peut s'installer ensuite à l'adolescence quand on intime au jeune dix fois par jour : « Mais sors un peu de ta chambre ! » N'étant pas la mieux placée, je l'admets, pour déterminer ce qui est juste ou non en matière d'éducation d'enfants, j'ai demandé l'avis de Christophe Blanchard, sociologue spécialisé en sciences de l'éducation, et maître-chien. Lui a vraiment la double casquette ! Il me disait que cette idéologie de la positivité était très difficile pour les parents et les *petparents*. Elle demande beaucoup plus d'implication et d'autonomie. L'éducation traditionnelle était sûrement plus accessible et moins dans la nuance. Aujourd'hui, d'après Christophe Blanchard, derrière les exigences que l'on fait peser sur les (*pet*)parents, les tenants et les aboutissants de l'éducation positive ne sont pas vraiment maîtrisés ; on oublie la notion de cadres et de limites qui sont pourtant indispensables à la structuration de l'individu, ce qui déteint sur la mise en pratique et explique que, en définitive, on peut se retrouver débordé par un enfant ou un chien à qui il manque des repères. Comme il doit être éprouvant de jongler entre ce qu'on pense, instinctivement, être bien pour son petit et les regards ou les commentaires désobligeants de ceux qui ont un avis sur tout ! Les injonctions sociales pour être un bon parent sont source de tant de culpabilité. Par exemple, tout bonnement, voilà une recommandation de l'OMS pour parvenir à une croissance, un développement et un état de santé optimaux de l'enfant : l'allaitement maternel exclusif jusqu'à l'âge de 6 mois et l'encouragement à poursuivre l'allaitement jusqu'à l'âge de 2 ans ou plus. Combien de mamans peuvent assurer cela alors que la durée du congé postnatal est de dix semaines ? Certes, on peut tirer son lait… Comme me le disait une amie, « C'est une culpabilisation permanente organisée ». Je suis bien contente de m'éviter ce fardeau sociétal en ayant fait le choix de ne pas avoir d'enfant. Je préfère celui du : « Comment ça, tu ne veux pas d'enfant ? » Et je me sens un peu plus libre de mes agissements concernant l'éducation de Colonel. Je ne suis pas près d'abandonner le « Va dans ton panier ! » quand Colonel pousse le bouchon un peu loin. Conseil de l'Europe ou pas.

Au moment où j'écris ces lignes, mon téléphone sonne : ma meilleure amie – l'occasion de papoter un peu. Colonel en profite pour attraper son petit jouet pouet-pouet et se lance dans un concert totalement improvisé.

Julie : « C'est quoi ce vacarme, Hélène ?

— C'est Colonel. Il est en train de jouer.

— Comme à chaque fois que je t'appelle… Je vais finir par croire que ce n'est pas un hasard. Il ne le fait pas un peu exprès parce que tu n'es pas en train de t'occuper de lui ?

— [Silence.] »

Dois-je aussi confesser que, lorsque je suis sur le canapé en train de regarder une série ou de scroller sur mon téléphone, Colonel grimpe sur moi, les deux pattes avant sur mes épaules, pour que je lui gratte le cou ?

Mon chien roi.

11

Pour le meilleur et contre le pire

Je pourrais pendant des heures faire l'apologie de tout ce que la présence de Colonel apporte à ma vie. Certains aspects de la relation avec un chien sont très proches de ce qu'on peut, je pense, vivre ou ressentir avec un enfant ; mais sur d'autres plans j'y trouve beaucoup plus mon compte avec un chien qu'avec un bébé (ou un enfant, ou un adolescent !).

Colonel me permet de cocher une case : qu'à cela ne tienne, enfant ou chien, je suis capable de m'occuper d'un autre être que moi et je le mets en pratique tous les jours. Je peux me gargariser d'être une femme responsable. Je tire une vraie satisfaction personnelle et une récompense quotidienne dans cet élan nourricier, protecteur, et donc maternel, que j'exprime avec mon chien. « Tout un chacun serait peu ou prou la mère de son chien », pour citer Christian David, psychanalyste et philosophe. Si Colonel est heureux, intelligent, équilibré, en bonne santé, affûté, c'est que j'y suis un petit peu pour quelque chose. J'ai réussi dans cette tâche : Colonel est ma simulation d'un processus de parentalité mené avec succès.

De son côté, ce petit bonhomme m'en est extrêmement reconnaissant. Il doit se dire qu'il en a de la chance que j'existe, que je sois là pour lui, que le destin nous ait mis sur les chemins l'un de l'autre. Il doit bénir chaque jour que le bon Dieu fait de se réveiller avec une maman comme moi, qui le comprend, le nourrit, s'occupe de lui, le distrait... Est-ce que j'exagère ? Toujours est-il que c'est ma réalité. Ma perception de ce que je représente pour Colonel. Peut-être est-elle totalement virtuelle ou fantasmée. En tout cas, elle m'offre ce qu'on pourrait appeler des bénéfices narcissiques : Colonel est une extension de moi-même et donc je suis le centre du monde à ses yeux. Quoi de plus gratifiant ? Et qui pour dire le contraire ? Pas le principal intéressé en tout cas. Ma réalité n'est pas contestable. Alors qu'être parent d'un petit d'homme expose un jour à voir un amour, un lien et même une existence totalement remis en question. Que ressent-on quand notre ado nous sort : « Maman, arrête-toi ici, ne me dépose pas juste devant le collège, je termine à pied. C'est trop la honte qu'on me voie avec toi ! » Ou qu'il lâche quelques bombes murmurées entre les lèvres ou interceptées dans une discussion avec un de ses copains, du type : « Oh là là, ma daronne me saoule... » Que d'ingratitude ! « Avec tout ce que j'ai fait pour toi... », pourrait rétorquer tout géniteur. Quand on est parent, on se croit cool jusqu'au jour où on passe du côté des « vieux » et où on devient ringard. Ce qui est très violent, c'est que cette frontière est franchie en premier dans les yeux de notre enfant. Une forme de désamour et de désaveu. Bien sûr, cela s'accompagne du bonheur de le voir grandir, gagner en autonomie, vouloir voler de ses propres ailes et ne plus avoir besoin de ses parents. Enfin, modérons ce propos... Combien de mes copines, mamans de grands enfants, adolescents ou étudiants, sont sollicitées (harcelées, dirais-je !) par téléphone, dix fois par jour, pour un colis qui n'est pas arrivé, un passe Navigo à recharger, un rendez-vous chez le médecin à caler, une paire de clés perdue... À un certain âge, l'autonomie n'est que partielle et être parent c'est travailler chez Chronopost, Doctissimo, les serrures Fichet ou la RATP. Le parent devient un solutionneur. Une amie me confiait qu'elle n'en pouvait plus que ses enfants (catégorie jeunes adultes) ne se souviennent de son existence que pour régler des problèmes : « Ils ne m'appellent jamais quand ça va ou pour me demander comment je vais. Ce n'est jamais désintéressé. » Cela dit, je la soupçonne de se complaire dans ce rôle qui comble sûrement son besoin de rester indispensable aux yeux de sa cruelle progéniture.

> *« Colonel est ma simulation d'un processus de parentalité mené avec succès. »*

À l'échelle canine qui est la mienne, je me réjouis à l'idée que Colonel m'aime de manière absolue et qu'il aura besoin de moi, de mon amour, de mes soins, durant toute sa vie. La relation avec un chien, c'est un peu comme si on parvenait à garder son enfant au stade de nourrisson pour toujours. Quelle maman n'a pas rêvé, quand l'enfant a grandi, de pouvoir retrouver ce lien symbiotique et de dépendance propre aux premiers mois, voire aux deux premières années de vie ? Un souhait si intense qu'il justifie parfois à lui seul le fait de retomber enceinte pour revivre ces temps bénis entre une mère et son petit. Ma relation avec Colonel est immuable ; je ne vais pas au-devant d'un rejet ou d'un désamour avec lui. C'est une valeur sûre et une sécurité émotionnelle, dont je dois vraisemblablement avoir besoin, d'autant plus dans une société où je ressens très fort à quel point les rapports humains sont fragiles et contingents. Mais attention, ce n'est pas systématique, car la vie avec un chien ne ressemble pas toujours à un long fleuve tranquille. Certains toutous, craintifs ou irritables, peuvent mener la vie dure à leurs propriétaires : grognements, agressivité ou même morsures. Avec bien souvent, à l'origine de ces troubles du comportement, un enchaînement de causes : une séparation trop précoce de la mère, l'absence d'apprentissage des premières règles sociales et des autocontrôles, et, de la part de leurs gardiens, une méconnaissance du développement du comportement animal. C'est une vraie blessure psychologique (et parfois physique) que d'être confronté à un chien que l'on pourrait qualifier de « méchant » ou qui fait régner la terreur à la maison, mais qui a également ses accès de tendresse, son besoin de caresses, de reconnaissance et… d'attachement. Dans ce cas, l'amour « pseudo-maternel » peut se retrouver vite ébranlé et nettement moins inconditionnel que ce qu'on était venu chercher au départ. De ce point de vue, il y a un avantage côté parentalité classique : c'est rare d'avoir un enfant sociopathe au point d'avoir peur pour son intégrité physique et ses mollets, et, qui plus est, qu'on ne peut pas abandonner dans une SPA. Cela dit, l'expression « petits monstres » pour désigner ces chères têtes blondes ou brunes recèle forcément un fond de vérité. J'ai déjà failli être éborgnée par une petite voiture Majorette, clairement et volontairement utilisée comme projectile !

L'agressivité n'a jamais concerné Colonel. Que ce soit envers moi ou tout autre être humain. Par exemple, il adore les enfants. Il est d'une patience exemplaire avec eux, lui. Plus que moi sûrement. Colonel est un chien très facile.

Et j'admets qu'élever un chien, quand on peut se targuer d'un minimum de connaissances cynotechniques, est moins difficile que d'élever un enfant. D'ailleurs, on m'a déjà dit : « C'est un peu la solution de facilité que tu as choisie en prenant un chien plutôt que de faire un enfant. » Servi avec une petite pointe d'aigreur et d'envie. Presque toutes choses égales par ailleurs (à mon avis), oui, ça m'arrange bien que tout soit simple avec Colonel. D'un point de vue relationnel : un amour plus facile à conquérir, à satisfaire et demandant moins d'efforts pour l'entretenir. Et plus simple côté logistique. Deux illustrations à elles seules justifient pour moi de préférer avoir un chien qu'un bébé (puis un enfant). Le sac à langer et les vacances au ski. J'ai une sorte de phobie du sac à langer qui accompagne toute jeune maman dans le moindre déplacement avec bébé. Pourtant, une future maman met généralement du cœur à le choisir.

Le côté pratique, bien sûr. Et l'esthétique, primordial ! Un sac à langer moderne ne ressemble plus à un sac à langer ; mais à un sac de yoga… ou à un sac 24 heures, qu'on emportait quand on avait encore cette liberté de sauter dans un train pour rejoindre son amant à l'hôtel en Normandie. Mais lingerie et rouge à lèvres ont été remplacés par des couches, un paquet de lingettes, des sacs plastiques pour y mettre les couches sales, du change, un matelas pour langer le bébé, un biberon, une tétine, un doudou… Une femme n'est plus jamais légère avec un bébé et son sac à langer. Quand je sors avec Colonel, j'ai besoin d'un collier, d'une laisse, d'un sac à crottes, et le tour est joué ! Simple, efficace. En revanche oui, sans relâche, pendant toute sa vie, je ramasserai les crottes de mon chien. C'est un frein pour certains à prendre un chien. Pour moi, c'est le sac à langer.

Venons-en maintenant aux sports d'hiver avec un enfant. Pourquoi donc s'infliger et leur infliger cela ? Devoir retrouver dans l'urgence du matin une chaussette de ski manquante, superposer des couches de vêtements, être affublé d'un masque et d'un casque, marcher avec des chaussures de robot dans la neige ou sur du verglas, tenir les bâtons pendant que Papa porte les skis (alors que le petit n'a qu'une envie : sucer ses moufles), ne pas vouloir suivre Éric le moniteur et les autres enfants qui, eux, sont déjà venus l'an dernier, pleurer, avoir froid et les mouchures qui gèlent sous le nez… Mais quel calvaire organisé, les vacances d'hiver à la montagne avec un jeune enfant ! Avec un chien, on peut profiter des joies de la montagne un peu plus simplement. Sans accoutrement.

Et l'enthousiasme de Colonel à chaque sortie dans la neige est contagieux ; il se lance dans des courses effrénées, oreilles plaquées en arrière, ventre à terre, le corps presque disloqué avec l'arrière-train qui passerait bien par-dessus les pattes avant. Ce sont les fameux *zoomies*[1] chez le chien, l'excitation et la joie à leur paroxysme ! Bien sûr, j'enfonce des portes ouvertes. Évidemment que la vie et son organisation avec un chien sont plus simples qu'avec un enfant ; que la responsabilité et les enjeux ne sont pas les mêmes. Mais c'est justement parce qu'il y a ces différences au quotidien que j'ai pu un jour me poser, réfléchir aux avantages et aux inconvénients de chacun et alimenter ainsi objectivement mon choix.

Je pense que Colonel ne tient pas uniquement un rôle de substitut d'enfant. Quand je prends un peu de recul sur mon mode de vie actuel, qui s'éternise depuis bientôt trois ans, je me demande si je n'aurais pas pu écrire un deuxième livre : *Pourquoi j'ai choisi un chien (et pas un mec)*. Bien que je retirerais peut-être le verbe « choisir » dans le titre. Bientôt trois ans de célibat, entrecoupé de quelques pseudo-relations. Le genre d'histoires où est écrit noir sur blanc, dès le début, qu'elles sont vouées à l'échec mais tu y vas quand même. À la louche, je pourrais citer : l'homme marié, le mec populaire, le quadra en pleine ascension professionnelle qui t'accorde une heure par semaine de son précieux temps, celui qui, en t'invitant chez lui, te fait faire un bond de vingt-cinq ans

---

1. *Zoomies* (terme anglais) : mot familier pour désigner les périodes d'activité aléatoire frénétique ou FRAP.

en arrière tant son appartement ressemble à celui d'un étudiant en licence Staps[1], le sosie de ton ex, le pote de ton ex, le sosie de ton père, l'adepte des dérivatifs artificiels... Il y a de quoi avoir envie de jeter l'éponge... Pour mon meilleur ami, c'est limpide : je me lance volontairement dans des histoires impossibles pour fuir l'éventualité de repartager ma vie avec quelqu'un. Parce que, finalement, la place est déjà partiellement occupée. Mais est-ce la poule qui fait l'œuf ou l'œuf qui fait la poule ? Est-ce que j'ai laissé Colonel prendre du galon dans ma vie faute de trouver un homme à la hauteur ? Ou est-ce que dès le départ, compte tenu des circonstances dans lesquelles il est arrivé (une histoire de couple à bout de souffle), je cherchais un autre amour, plus solide et plus pérenne ? (Je me sens obligée de préciser « platonique » pour les esprits mal placés.) J'ai pris un mâle, je l'ai appelé Colonel (clin d'œil à mon petit faible pour les uniformes et l'autorité), et j'aime qu'il soit fort, charismatique et supérieur. Peut-être effectivement que Colonel est mon petit mec de substitution. Cela étant, on peut dresser la liste des avantages d'un chien par rapport à un homme. Nous l'avons évoqué : la loyauté et la constance, l'amour pur et éternel, ce qui est assez reposant et sécurisant. Autre avantage non négligeable quand on a déjà été dans ce genre de situation : il ne me trompera pas. Cela dit, je contrôle ses pulsions sexuelles ! Je suis une castratrice : j'ai choisi de le stériliser (de façon réversible,

---

1. Staps : sciences et techniques des activités physiques et sportives.

avec un implant que je renouvelle régulièrement), ne lui laissant ainsi pas d'opportunités d'être tenté d'aller voir ailleurs. Ou encore de me ramener une « belle-fille » qui n'obtiendrait pas toutes mes faveurs…

> *« Pourquoi j'ai choisi un chien (et pas un mec). »*

Que dire également de l'absence de jugement ! Cela paraît banal comme argument… et pourtant ! Tout au long de notre vie, de la part de personnes étrangères ou de ceux qui nous sont le plus chers – compagnon, famille ou amis, ou même enfants –, on est jugé, évalué, critiqué, étiqueté, comparé ou juste conseillé sur ce qui est bien ou mal aux yeux de l'autre. Avec un animal, il n'y a nullement besoin de faire semblant ou d'essayer de se conformer à la bien-pensance. Pouvoir être soi-même. Que je sorte de chez le coiffeur ou de mon lit, que mon livre soit un succès ou non, que je sois riche ou pauvre, que j'aie un avis sur la réforme des retraites, que mes gougères au fromage n'aient pas levé, Colonel s'en fout. Il ne m'en tiendra pas rigueur, ne me donnera pas un avis que je n'ai pas sollicité et ne me fera pas de réflexions désobligeantes. Il aura toujours le même regard sur moi. Et ce qui est formidable, c'est que je suis sûre qu'il me préfère au naturel, comme je suis, que pomponnée… Malin, il a bien compris que lorsque je passe un peu plus de temps que d'habitude à m'apprêter dans la salle de bains, c'est souvent que j'ai un rendez-vous et qu'il peut rester sur le banc de touche le temps d'une soirée.

12

À prendre ou à laisser

Je suis en voiture avec mon amie Alexandra. Direction la Normandie où nous allons passer un week-end entre filles. Cela faisait plusieurs semaines qu'on en parlait. Nous avions toutes les deux envie de nous extirper de nos appartements parisiens, sentir les embruns et déguster un plateau d'huîtres avec un petit verre de blanc au marché aux poissons de Trouville. Mais ce n'est pas qu'une virée entre nanas. Une mini-brigade nous accompagne : Colonel et Capitaine. Capitaine est le chien d'Alexandra, un border terrier également. Notre amitié est tout aussi récente que son point de départ est amusant. Alexandra suivait mes aventures et celles de Colonel sur Instagram l'an dernier et m'avait contactée pour collecter des informations sur le border terrier et plus largement sur la vie avec un chien. J'aime bien donner des conseils. Nous avons ainsi commencé à nous écrire ; puis, étant voisines de quartier, on s'est retrouvées un jour pour un apéro. Quelques semaines plus tard, Alexandra a sauté le pas et a craqué pour un chiot qui était miraculeusement disponible dans le même élevage que Colonel... et ainsi de suite. Nous avons passé de plus en plus de temps ensemble, rapprochées par nos chiens. On dit que le chien est un catalyseur social, Alexandra et moi en sommes une belle illustration. Et au quotidien avec Colonel, je le remarque, même si la passion des chiens ne suffit pas à tisser une amitié. Il y a les propriétaires du quartier, que l'on croise au gré des balades : les habitués du matin, les pressés de la pause-déj, ceux qui ont des horaires aussi farfelus que les miens. On se connaît tous... mais par le nom des chiens uniquement. Sidney, Skimo, Sasha, Prozac, Tifu, Penny... Et puis il y a les rencontres plus ponctuelles. Se faire arrêter dans la rue ou aborder dans un café ou un restaurant, c'est commun avec un chien, pour peu qu'il soit singulier dans son look ou dans son attitude : « C'est quoi comme race ? Il a l'air tellement sage ! », « Oh, un border terrier, j'en ai eu un il y a quelques années, je peux le caresser ? », « Attendez, il s'appelle vraiment Colonel, votre chien ? C'est original, ça lui va bien », « J'adore les chiens, j'en veux absolument un, mais je n'aurai pas le temps de m'en occuper. Pourtant dès que j'en vois un, je craque ! »... Le chien est une jolie porte d'entrée à la conversation à laquelle peuvent venir frapper aussi bien des enfants, des hommes que des femmes, toutes générations confondues. Il est moins justifié d'accoster une personne avec un enfant, c'est plus banal. Dans l'éventualité d'un plan drague, une femme avec un chien, c'est plus prometteur qu'une femme avec une poussette et un bébé.

D'ailleurs, en tant que *dogmom* et quadragénaire, je me pose une question cruciale pour mon potentiel de séduction : est-ce que je peux être considérée comme une Milf (*Mother I'd like to fuck*) ? Je devrais peut-être déposer l'acronyme Dilf (*Dogmom I'd like to fuck*). Et Cilf. Pour les mères à chats.

Ce qui est sûr, c'est qu'il y a moins d'inconvénients à fréquenter une Dilf qu'une Milf. Certes, Colonel assiste à mes premiers rencards amoureux, ça surprend parfois. Mais ainsi, le ton est donné et les présentations sont faites. Ce ne sera pas un stress pour plus tard, une étape redoutée voire fatidique qui peut tout remettre en question. Et moi, ça me permet d'aller plus vite en besogne et de ne pas perdre de temps : je juge tout de suite de l'aisance du garçon avec mon chien. Va-t-il le caresser du bout des doigts ou d'emblée avec une franche camaraderie ? Généralement, ça en dit long sur le profil. Si la relation se poursuit, Colonel fera nécessairement partie de l'équation. C'est non négociable. Il prend de la place, il monte sur le canapé, il est présent et je suis obligée de m'organiser un minimum en fonction de lui. Avec une femme et son chien, on s'évite l'omniprésence d'un ex qui tient un rôle de premier plan : « C'est quand même le père de mes enfants ! », en revanche on ne peut pas compter sur les semaines paires et impaires. On me prend avec mon chien ou on ne me prend pas. Cependant, c'est quand même plus simple qu'un enfant ! Quand il s'agit de passer aux choses sérieuses, Colonel n'est pas jaloux et sait se faire discret. Il accepte même volontiers que je l'enferme dans la cuisine avec un jouet fourré quand je veux être sûre qu'il ne cherche pas à me rejoindre dans la chambre par exemple. L'intimité est déjà plus relative quand il y a un enfant dans l'appartement ou dans la chambre d'à côté. De quoi refroidir les élans de plus d'un prétendant. Rares sont les hommes bloqués par la présence de Colonel. Moins gênant aussi qu'un chat d'après les retours de certains amis. L'un d'eux me racontait qu'après une nuit chez une femme (et son chat), non seulement il avait eu le sentiment d'être observé (quasiment guetté) toute la nuit, mais en plus, le lendemain, il avait retrouvé des poils du chat partout et avait encore l'impression d'en avoir dans la bouche en prenant son café au bistrot du coin.

« *Colonel n'est pas jaloux et sait se faire discret.* »

Retour dans l'habitacle de ma voiture. Même si Alexandra et moi, nous nous sommes liées d'amitié autour du chien, nos discussions ne se limitent plus maintenant aux déboires ou aux exploits de nos « fils poilus ». On se raconte les nôtres aussi et un trajet est toujours propice aux confidences. Qu'il ne vaut mieux pas exposer aux oreilles de tout le monde. Intarissables d'anecdotes croustillantes, Alexandra et moi avons éclaté de rire en jetant un œil sur nos deux chiens sagement assis à l'arrière, pas dérangés ni froissés pour un sou. Jamais nous n'aurions pu avoir ce genre de discussions avec deux marmots innocents. Ou alors il aurait fallu faire appel à notre imagination débordante pour rendre compte de certaines situations. Je me voyais bien dire à Alexandra : « Il est passé me voir le lendemain de son retour de vacances en famille. Il avait encore ses deux valises pleines à craquer et il voulait déposer quelques affaires chez moi. » Comprenne qui voudra. Mais c'est bon de ne pas être obligé de brider sa parole et de pouvoir être sans filtre. Que ce soit dans une voiture ou autour d'un bon dîner, la présence d'enfants conditionne le langage et les sujets de conversation. Quand elle ne les monopolise pas.

Nous filions sur l'A13 en direction de notre hôtel *dog-friendly.* (Toujours anticiper et s'assurer que les chiens sont les bienvenus.) L'occasion de se rendre compte, en parcourant les sites internet de lieux d'hébergement, que dès lors que la tournure est mielleuse – « Nos chers compagnons à quatre pattes… » –, l'issue est défavorable : « … ne sont pas acceptés au sein de l'établissement ». Qu'à cela ne tienne, j'ai mes petites habitudes dans un charmant hôtel de Villerville. Quand on est une *dogmom*, on se surprend à organiser ou à revoir ses plans de week-end ou de vacances en fonction de son chien. Combien de temps de trajet, quel moyen de transport, quelles possibilités de faire des activités avec son chien sur place (de la même façon que des parents choisiront un village de vacances équipé d'un club enfants)… Même la météo compte et la présence de Colonel me fait aujourd'hui préférer la Bretagne ou la Normandie à la Provence, pourtant si chère à mon cœur ; il y fait trop chaud pour lui, je n'ai plus que l'ombre d'un chien si je m'aventure là-bas en plein été. Pour peu, je vais finir par passer mes vacances en Écosse, sur la terre des ancêtres du Colonel. Mais je lui dois bien ça ! Et quel bonheur ce serait de pouvoir parcourir avec mon chien les paysages naturels écossais... Le froid, la pluie, le vent, tout cela je connais bien. Car, même si j'estime être aujourd'hui une vraie Parisienne, je suis une fille de la campagne. J'ai grandi au milieu des champs de betteraves, dans cette Picardie un peu austère et oubliée. Alors la nature qui vous fouette et en clouerait plus d'un devant un poste de télévision dans une chambre d'hôtel ne me fait absolument pas peur. Et le chien est alors le meilleur des compagnons d'excursion. D'ailleurs, avoir un chien, c'est aussi une façon de ramener un peu de nature dans sa vie, par sa présence, mais aussi parce qu'il oblige à sortir de chez soi. On est témoin aujourd'hui d'une très grande déconnexion au vivant. Nos vies citadines, notre urbanisation et notre civilisation font de nous des humanoïdes. Les petits d'hommes sont eux aussi happés de plus en plus précocement par ce monde du numérique, du virtuel et de l'intelligence artificielle, et ils ne sont pas à blâmer, la société est ainsi faite. Suis-je une « réac » ? Peut-être un peu. Mais la jeunesse actuelle, ses loisirs et son mode de vie ne me séduisent pas et ne me donnent pas une vision du monde très optimiste. Nous appauvrissons nos êtres et nous nous dépouillons de notre part animale pour nous en remettre à la data et aux algorithmes. Alors je vois l'animal dans nos vies, et mon Colonel, comme un refuge et un garde-fou. Je suis convaincue que c'est ce que ressentent, inconsciemment, beaucoup de propriétaires de chiens et de chats. Nos animaux ne seront jamais pervertis par nos agissements ou l'environnement dans lequel ils évoluent, ni par la technologie, l'argent, la quête de pouvoir. De leur naissance à leur mort, ils restent authentiques et fidèles à ce qu'ils sont. Mon chien, c'est un peu la victoire de la nature sur un futur décourageant. À cette pensée, je passe la main dans le pelage de Colonel qui dort, collé à moi. Cette présence est rassurante et cette confiance bouleversante. Poils durs, « poils de sanglier » comme j'aime à le préciser quand on me fait cette remarque : « il n'est pas très doux à caresser. » J'ai une bête à la maison. Et ça fait un bien fou de toucher cette bête et de la respirer. Ça ancre dans le sol, et ça élève tout à la fois ; ça suscite un questionnement sur l'épaisseur (ou la finesse) de la frontière entre les humains et les animaux. Leurs émotions, leurs sentiments, leur personnalité, leur recherche du bonheur et du bien-être, leur vérité nous guident, en tout cas, vers un peu plus d'humilité.

« Je vois l'animal comme un refuge et un garde-fou dans nos vies. »

13

Toujours est-il

Colonel a 4 ans. Déjà 4 ans. Je vois les années passer tellement vite. Il est arrivé à l'âge de 10 semaines à la maison avec tous les attributs du chiot et j'ai le sentiment que c'était hier. Le corps dodu, l'attitude pataude, l'odeur si caractéristique des bébés (chiens), les premières bêtises, les premiers câlins, la découverte de son caractère bien trempé : tout dans un chiot transpire la mignonnerie. Ils sont doués pour nous attendrir et déclencher très rapidement le fameux processus d'attachement.

Les premiers mois de cohabitation sont intenses. Ils sont rythmés par l'apprentissage de la propreté, la socialisation avec toutes sortes de chiens et un maximum d'autres espèces animales ou d'individus qu'il sera amené à rencontrer (enfants, personnes âgées, de couleur, handicapées…), l'exposition à des situations variées, le défi de la solitude… On ne s'ennuie pas avec un chiot ! On s'extasie sur chaque progrès et chaque étape. J'ai scruté attentivement la chute des dents de lait et j'ai réussi à en récupérer une avant qu'il ne l'avale. Je l'ai gardée précieusement, un peu trop peut-être puisque je n'ai jamais réussi à remettre la main dessus. Mon amie Margot est plus rigoureuse que moi : elle a une petite pochette plastique attenante au carnet de santé de son chien Ouzo, dans laquelle elle a glissé le petit collier de naissance (celui que les éleveurs font porter aux chiots pour pouvoir les identifier grâce à différentes couleurs), deux dents de lait et même une moustache qu'elle avait retrouvée sur le sol.

Un peu plus tard, j'ai conduit Colonel à sa première séance d'épilation chez la toiletteuse ; j'ai assisté, presque émue, à son premier « lever de patte » chancelant pour uriner ainsi qu'aux débuts de ses élans amoureux quand les hormones mâles ont commencé à se manifester... J'ai vécu aussi mes premières angoisses et inquiétudes pour sa vie. Comme le jour où, lorsque nous sommes rentrés d'une balade au bois de Boulogne, j'ai constaté qu'il était très apathique et qu'il avait du mal à tenir debout. Il tanguait. J'ai suspecté une intoxication, de celles dont on entend toujours tristement parler (boulettes de viande empoisonnées), sans savoir s'il y avait un fond de vérité. Ni une ni deux, je l'ai amené chez un confrère qui assurait une garde ce week-end-là et je l'ai laissé en hospitalisation et sous perfusion à la clinique pendant toute la nuit. Un petit passe-droit entre confrères m'a permis de venir le voir dans le chenil médicalisé à minuit pour constater qu'il reprenait doucement ses esprits et que les troubles neurologiques s'estompaient. Le lendemain, il était sorti d'affaires et rentrait à la maison, vaillant. Quant à l'origine de l'intoxication, après réflexion, j'ai compris : vers l'âge de 8-10 mois, Colonel avait une fâcheuse tendance à dénicher et à se délecter (âmes sensibles s'abstenir) d'excréments humains qu'il trouvait dans le bois de Boulogne. Et cette fois-là, ils devaient être chargés en résidus de stupéfiants. En gros, Colonel était *stone*.

J'ai également vécu une grosse frayeur au cours d'un week-end sur la côte normande. Par une froide journée d'hiver, nous nous baladions le long du canal qui relie Caen à la mer, Colonel n'avait pas encore 1 an, et il s'est pris de passion pour les canards qui flottaient à la surface de l'eau. Au point de sauter dans le canal ! Mais au lieu de s'envoler, les canards ont pris le large, suivis par le petit Colonel que je voyais s'éloigner dangereusement. Je m'époumonais : « Colonel, Colonel ! » Je commençais à paniquer : « Reviens mon bébé, je t'en prie reviens ! » Mes yeux s'embuaient, ma gorge se nouait. J'assistais, impuissante, à sa poursuite inconsciente des canards, à un endroit où le canal est extrêmement large puisqu'il se prolonge par le bassin d'Hérouville. Je voyais sa petite tête rétrécir au fur et à mesure à la surface de l'eau, alors qu'il nageait, emporté par sa fougue et le courant. En plus, ce jour-là, il portait un harnais très large qui devait prendre l'eau et peser sur lui. C'en était trop, c'était insupportable, je ne pouvais pas assister impuissante à une fin peut-être tragique. Je me débarrassai de mon sac à main, de mon manteau, je commençai à retirer mes chaussures alors que mes amis tentaient de me retenir. Ç'aurait été complètement inconscient, mais j'allais sauter. Et là, j'ai cru distinguer que Colonel amorçait enfin un virage. Oui, il se mettait à nager dans notre direction. En larmes, je lui promettais toutes les friandises les plus savoureuses qui existent sur cette Terre, je lui disais à quel point je l'aimais, je l'encourageais pour qu'il trouve la force de rejoindre les berges. Il a fini par se hisser sur la terre ferme, s'est ébroué. Il était frigorifié. J'ai tout lâché. Car oui, un chien peut se noyer ou mourir d'épuisement. Une brigade de secours en mer sur les plages du sud de la France m'avait un jour raconté la triste histoire d'un terre-neuve : pourtant taillé pour et rompu à l'exercice, il était allé au bout de sa mission en ramenant sur le sable un véliplanchiste qui, pris d'un malaise, avait manqué de se noyer au large. Le chien est mort d'épuisement en sortant de l'eau. J'ai serré si fort Colonel dans mes bras ; et j'ai vite regagné la voiture pour le sécher et le réchauffer. Ce jour-là, j'ai vraiment vu la mort de mon chien de très près, j'ai cru le perdre, devant mes yeux. J'ai détesté. Mais notre histoire ne pouvait pas s'arrêter aussi brutalement, on avait encore tellement de choses à vivre tous les deux.

Et effectivement, on a ainsi continué notre petit bonhomme de chemin jusqu'à aujourd'hui. Notre relation s'enrichit du quotidien et d'autres aventures plus ponctuelles : les vacances à la montagne, les week-ends au bord de la mer, les retrouvailles en famille avec ses cousins et cousines (les enfants de mes sœurs)... J'ai franchi des épreuves et des étapes, Colonel à mes côtés, ma valeur sûre : la crise du Covid et ses confinements, la fin d'une histoire d'amour de dix ans, l'emménagement dans un nouvel appartement... Colonel a grandi, il s'est étoffé physiquement. Et il est devenu adulte. Il n'en a pas perdu sa fougue ni sa hardiesse, mais il a gagné en assurance et en équilibre, sachant que c'est généralement vers l'âge de 2 ans que le caractère d'un chien se stabilise vraiment. 2 ans, puis 3, puis 4... Voit-on les années défiler différemment selon que l'on a un enfant ou un chien ? Ma sœur aînée, maman de deux garçons qui grandissent, se sent aspirée par le temps. Les étapes de sa vie sont marquées par ses enfants : la naissance, les premiers pas, les premiers mots, l'entrée en maternelle, l'apprentissage de la lecture, l'école primaire, la pré-adolescence, puis plus tard le collège, les premières boums, la petite copine, le lycée, la conduite accompagnée, le bac... « Les enfants te poussent vers la tombe », m'a-t-elle un jour lâché. Comme le rapport au temps est différent avec un chien ! Mon vieillissement me paraît peut-être moins manifeste, mais je vais être témoin de celui de Colonel. Et je sais qu'au fur et à mesure des années, c'est moi qui vais l'accompagner sur le chemin de sa tombe. Mais dans quel bourbier infernal et dans quel compte à rebours dramatique me suis-je mise ? L'amour que j'ai pour Colonel est digne d'un amour maternel et je sais que, en toute logique, je lui survivrai. Lorsque la vie est bien faite, une maman n'a jamais à subir la disparition de son enfant, et fort heureusement. Moi je vais y être confrontée. Le plus tard possible, mais un jour Colonel me quittera définitivement. Avec les progrès fulgurants de la médecine vétérinaire, avec toute l'attention que je lui porte et connaissant l'espérance de vie des border terriers, j'ose espérer le garder avec moi jusqu'à ses 15 ans, ou peut-être un peu plus. Quel parallèle étrange avec un enfant humain… ! La durée de vie d'un chien correspond à peu près au temps nécessaire à un enfant pour devenir un jeune adulte autonome. À l'âge où Colonel quittera ma vie, les enfants quittent le nid. Et Dieu sait que, pour les parents, cela sonne aussi comme un départ, peut-être même une petite mort… ! Est-ce que le passage à l'âge adulte est la disparition de l'enfance ? Est-ce qu'une telle relation de dépendance, un tel attachement entre un parent et son enfant, entre un être humain et un chien, ne doit finalement pas dépasser quinze, vingt ans ? Peut-être.

« Comme le rapport au temps est différent pour un chien ! »

Ce ne sera pas le premier chien que je verrai partir, mais ma relation avec Colonel est si unique. Avec Roots, mon précédent chien, d'une part je ne savais pas encore avec certitude que je n'aurais pas d'enfant ; d'autre part, les dernières années de sa vie, ce sont surtout mes parents qui en avaient la garde. Pourtant, sa mort a été une épreuve très difficile.

Imaginer le départ de Colonel est déjà une véritable douleur. J'en ai eu un avant-goût fugace mais tellement détestable au cours des deux frayeurs qu'il m'a faites plus jeune. Et encore, nous n'avions que quelques mois d'histoire commune. Depuis, notre lien n'a fait que se resserrer.

S'il fallait encore une preuve à tous les sceptiques face à la relation que l'on peut nouer avec son animal, le deuil en est une. Son intensité est directement liée à l'implication émotionnelle qu'on a avec l'animal.

Cessons de dire que la disparition d'un animal ne se compare pas avec la disparition d'un proche. C'est absolument faux. Ce n'est pas la qualité de l'être disparu qui conditionne l'intensité du deuil, mais bien le degré d'attachement. Dans une correspondance à Max Eitingon, Freud écrivit à propos de sa chienne disparue : « Nous ressentons tous avec beaucoup de douleur la perte de notre chère Lün […]. Cela ressemble, sinon par l'intensité du moins par la qualité, à la douleur qu'on ressent à la perte d'un enfant. »

Cessons de dire qu'il suffit de reprendre un autre chien pour effacer la peine et combler le vide. Cette façon d'envisager la présence d'un chien dans un foyer a pu exister, il y a trente ou quarante ans. L'individu en lui-même n'existait pas, c'était l'espèce « chien » qui évoluait aux côtés de la famille. D'ailleurs, les chiens qui se succédaient portaient souvent le même nom. Chez mes grands-parents, c'étaient des épagneuls bretons. Il y a eu Kim 1, Kim 2, Kim 3. Mais dès lors qu'un lien affectif fort se crée, l'un ne remplace pas l'autre. Et l'attachement n'est ni versatile ni interchangeable. Non, et c'est d'ailleurs une des caractéristiques de l'attachement : un lien unique entre deux êtres vivants, eux-mêmes uniques. Ce lien met du temps à s'installer, il s'intensifie au fur et à mesure et il conditionne des réponses hormonales et organiques qui ne se commandent pas ! Lorsque je me retrouve avec d'autres propriétaires, j'aime me mettre en retrait et les écouter parler entre eux ; j'ai entendu dernièrement les confidences d'une femme qui a une petite chienne cavalier king-charles de six mois, qu'elle a rapidement adoptée après avoir perdu, de vieillesse, sa chienne précédente, de la même race. « Je pense encore tous les jours à Stella. Elle me manque tellement. J'adore la petite, elle est adorable et gentille. Mais si on me proposait d'échanger les deux, même pour quelques semaines seulement, je le ferais. C'est horrible, mais je n'hésiterais pas une seconde. »

Enfin, cessons de dire que ce n'était qu'un chien ! Je ne m'aventurerai pas sur des échelles de deuil, mais se remettre de la mort de son animal peut être très long et difficile. Il est possible qu'il y ait un avant et un après. Que la vie ne soit plus jamais vraiment la même. Que ce soit la fin d'un monde. Qu'une tristesse infinie nous submerge. Perdre son chien, c'est bien sûr pleurer la disparition d'un être qui nous était cher. Mais c'est aussi faire le deuil de son rôle de mère et se retrouver amputée, fragilisée en son for intérieur, tant l'animal concentre une projection et une part de soi. Tout cela est très difficile à appréhender quand on n'a jamais eu un animal dans sa vie. C'est un deuil qui n'est pas toujours compris, voire minimisé. Ce qui le rend encore plus douloureux. Alors, parfois, le cheminement normal du deuil s'enraye et le risque d'un deuil pathologique existe, oui, même lorsqu'on perd un animal.

« Tu es dans l'horizon de ma vie depuis quatre ans déjà. »

Voilà la situation dans laquelle je me suis mise toute seule, comme une grande. M'attacher à un chien au point que, quand il partira, j'en crèverai de chagrin. Je me suis posé la question d'adopter un second border terrier avant que Colonel ne soit trop vieux – aux alentours de ses 5 ans. Répartir mon amour et ne pas être dépendante d'un unique lien d'attachement. Compter sur la présence et la force de Cardinal (ce serait son nom) pour ne pas sombrer, m'obliger à sortir, rester dans la vie pour celui qui reste. Je mûris doucement cette décision qui viendra forcément chambouler notre équilibre. Franchirai-je le pas ? Je ne sais pas.

Un jour, le Colonel non éternel, tu m'abandonneras. Je te pleure déjà, mon chien. Je pleure ta disparition inéluctable. Tu emporteras avec toi une partie de ma vie. Je sais déjà comment ça se passera… La journée, je te verrai partout autour de moi, comme tu es là, de ton vivant. Tu es dans l'horizon de ma vie depuis quatre ans déjà. J'ouvrirai la porte de l'appartement avec la même précaution que si ta petite truffe était derrière, à m'attendre. Je me retournerai du plan de travail de la cuisine en faisant attention car tu es juste en dessous, forcément, à guetter que quelque chose ne s'échappe de mes mains. Je regarderai ce fauteuil à côté de la fenêtre où tu as tes habitudes, chaque matin. Ma main cherchera la chaleur de ton petit corps et la rugosité de ton poil de sanglier. Je voudrais encore te coller contre moi pour respirer ton odeur animale, celle d'un chien peut-être mais surtout celle d'une vie, que je retrouverai par bribes parfois sur un plaid ou un coussin. Je ne pourrai pas croiser un autre chien sans fondre en larmes pendant des semaines en pensant à toi. Mes nuits seront agitées et intranquilles car je n'aurai plus ta respiration pour m'apaiser. Oui, tu dors sur mon lit depuis trois ans maintenant ; au diable les principes ! Alors je sais que tu me rendras visite dans mes rêves et que, chaque matin, je me réveillerai avec cette envie de ne plus vivre que la nuit, dans un paysage onirique où tu existes encore.

Mais pour l'instant, tu es là, à côté de moi, Colonel.

Qui es-tu ? Mon chien, mon compagnon, ma rafale de joie, mon partenaire, mon fils poilu… tout ça à la fois. Toujours est-il que tu as valu qu'un jour j'écrive un livre pour expliquer pourquoi j'avais choisi d'avoir un chien et pas un enfant.

Notes

I. Katrin Wolfova *et al.*, « Sons and parental cognition in mid-life and older adulthood », *Journal of Psychiatric Research*, vol. 156, 2022.

II. Ian M. McDonough *et al.*, « Pet ownership is associated with greater cognitive and brain health in a cross-sectional sample across the adult lifespan », *Front Aging Neuroscience*, octobre 2022.

III. A. Miklósi *et al.*, « A simple reason for a big difference : wolves do not look back at humans, but dogs do », *Current Biology*, avril 2003.

IV. B. Hare *et al.*, « The domestication of social cognition in dogs », *Science*, novembre 2002.

V. E. Téglás *et al.*, « Dogs' gaze following is tuned to human communicative signals », *Current Biology*, 7 février 2012.

VI. J. Cassidy, « The nature of the child's ties », *Handbook of Attachment. Theory Research and Clinical Applications*, The Guilford Press, New York, 1999.

VII. M. Nagasawa *et al.*, « Dog's gaze at its owner increases owner's urinary oxytocin during social interaction », *Hormones and Behavior*, mars 2009.

VIII. M. Nagasawa *et al.*, « Social evolution. Oxytocin-gaze positive loop and the coevolution of human-dog bonds », *Science*, avril 2015.

IX. J.S. Odendaal et R.A. Meintjes, « Neurophysiological correlates of affiliative behaviour between humans and dogs », *The Veterinary Journal*, mai 2003.

X. L.E. Stoeckel *et al.*, « Patterns of brain activation when mothers view their own child and dog : an fMRI study », *PLOS One 9*, 2014.

XI. F. Cook *et al.*, « Awake canine "fMRI predicts dogs" preference for praise *vs* food », *Social Cognitive and Affective Neuroscience*, vol. 11, décembre 2016, pp. 1853-1862.

XII. Claudia Dreifus, « Gregory Berns knows what your dog is thinking (it's sweet) », Nytimes.com, 8 septembre 2017.

XIII. L. Evan *et al.*, « Individual differences in cooperative communicative skills are more similar between dogs and humans than chimpanzees », *Animal Behaviour*, vol. 126, 2017, p. 41-51.

XIV. A. Albert et K. Bulcroft, « Pets, families, and the life course », *Journal of Marriage and Family*, 1988, p. 543-552.
– S. L. Smith, « Interactions between pet dog and family members : an ethological study », 1983, *in* H. Katcher et A. M. Beck, « New perspectives on our lives with companion animals », *University of Pennsylvania Press*, p. 29-36.

XV. N. Owens et L. Grauerholz, « Interspecies parenting: how pet parents construct their role », *Humanity & Society*, 2019, p. 96-119.

XVI. Dafna Shir-Vertesh, « Flexible personhood: loving animals as family members in Israel », *American Anthropologist*, vol. 114, septembre 2012.

XVII. A. Laurent-Simpson, « "They make me not wanna have a child": effects of companion animals on fertility intentions of the childfree », *Sociological Inquiry*, 2017, p. 586-607.

XVIII. American Pet Product Association (APPA), « Industry statistics and trends: pet ownership », 1er décembre 2016.

XIX. American Veterinary Medical Association (AVMA), *Pet Ownership and Demographics Sourcebook*, 2022.

XX. S. Volsche, « New research suggests cat and dog "moms" and "dads" really are parenting their pets : here's the evolutionary explanation why », The conversation.com, 28 octobre 2021.

XXI. Sarah Blaffer Hrdy, *Mothers and Others. The Evolutionary Origins of Mutual Understanding*, Belknap Press, 2011.

XXII. S. Volsche, *op. cit.*

XXIII. K.T. Teng *et al.*, « Trends in popularity of some morphological traits of purebred dogs in Australia », *Canine Genetics and Epidemiology*, 5 avril 2016.

XXIV. K. Lorenz, « Die angeborenen Formen moeglicher Erfahrung », *Zeitschrift für Tierpsychologie*, 1943, p. 235-409.

XXV. J. Archer et S. Monton, « Preferences for infant facial features in pet dogs and cats », *Ethology*, 2011, p. 217-226.

Table

Préface de Sylvain Tesson 7

Le leurre 15
Devenir une autre 27
Garder le contrôle 37
Lien d'attachement 47
Amour exclusif 63
Sur le divan 79
Ambitions éducatives 87
Parents, vraiment ? 97
Différence fondamentale 119
Dans la balance 133
Pour le meilleur et contre le pire 151
À prendre ou à laisser 161
Toujours est-il 169

Notes 179

DE LA MÊME AUTRICE :

Aux éditions Albin Michel
Tout sur votre chien, 2017.
Tout sur votre chat, 2017.

Chez d'autres éditeurs
Je rends mon chien heureux. Infos et conseils pour le bien-être de mon chien, coll. « Les cahiers Dr Good », Solar, 2021.
Je rends mon chat heureux. Infos et conseils pour le bien-être de mon chat, coll. « Les cahiers Dr Good », Solar, 2021.

Retrouvez Hélène Gateau sur :
Facebook : Hélène et les animaux
Instagram : @helenegateauoff
YouTube : @Heleneetlesanimaux
TikTok : @heleneetlesanimaux

Suivez-nous sur Instagram :
@albinmichel_et_moi
Santé, bien-être, vie quotidienne, cuisine, parentalité,
psycho, développement personnel, nature,
loisirs et plus encore…

Le Livre de Poche s'engage pour l'environnement en réduisant l'empreinte carbone de ses livres. Celle de cet exemplaire est de :
100 g éq. CO_2
Rendez-vous sur
www.livredepoche-durable.fr

PAPIER À BASE DE FIBRES CERTIFIÉES

Composition réalisée par PCA

Achevé d'imprimer en France par
CPI BRODARD & TAUPIN (72200 La Flèche)
en janvier 2025
N° d'impression : 3059422
Dépôt légal 1re publication : février 2025
LIBRAIRIE GÉNÉRALE FRANÇAISE
21, rue du Montparnasse – 75298 Paris Cedex 06
marketing@livredepoche.com

13/0173/7